D1661509

Hermann-Josef Venetz
Worte fürs Leben
Ein biblischer Notiz-Blog

Schwester Claire-Marie Jeannotat gewidmet,
der Bloggerin in den Westschweizer Tageszeitungen
»24 heures« und »Tribune de Genève«

© 2014 rex verlag luzern
Alle Rechte vorbehalten
Gestaltung Brunner AG, Druck und Medien, Kriens
www.bag.ch
Gedruckt in der Tschechischen Republik

ISBN 978-3-7252-0965-1
www.rex-verlag.ch

ISBN 978-3-460-20965-7
www.bibelwerk.de

Hermann-Josef Venetz

Worte fürs Leben
Ein biblischer Notiz-Blog

rex verlag luzern
Verlag Katholisches Bibelwerk

Vorwort

Anlässlich meines Abschieds von meiner langjährigen Tätigkeit an der Universität Freiburg (Schweiz) besuchte mich ein mir gut bekannter junger Journalist. Gegen Ende des Interviews wollte er wissen, was für Pläne ich nach meiner Emeritierung habe. Ich antwortete ihm – man verzeihe mir, wenn ich jetzt nach der Manier alter Männer mich selbst zitiere: »Auch wenn es etwas unbescheiden klingt: Ich habe den Eindruck, dass ich noch etwas zu sagen habe, und das möchte ich auch tun ...« Der Journalist sagte darauf etwas, das zwar nicht im gedruckten Kipa-Interview steht, das ich aber im Gedächtnis behielt: »Weißt du, wenn du mal nichts mehr zu sagen hast, solltest du lieber schweigen.« Meine Frage war (und ist) nur die: Wer wird mir einmal sagen, dass es so weit ist und dass es besser wäre zu schweigen?

Zur Veröffentlichung dieser Beiträge hat mich Schwester Claire-Marie Jeannotat ermuntert. Mit ihr habe ich mich in den letzten Jahren in vielen und langen Gesprächen angefreundet. Im Kanton Jura geboren und aufgewachsen trat sie in Südafrika der Kongregation der Schwestern vom Heiligen Kreuz (Menzingen) bei; es war zur Zeit der Apartheid. Nach vielen Jahren Bildungsarbeit kehrte sie in die Schweiz zurück, wo sie sich unter anderem als Bloggerin der Westschweizer Tageszeitungen »24 heures« und »Tribune de Genève« für eine gerechtere Welt und eine erneuerte Kirche einsetzt. Sie ist Trägerin des von der Schweizerischen Bischofskonferenz verliehenen »Good-News-Preis 2012«. Seit geraumer Zeit schon gibt Schwester Claire-Marie meinen Artikeln in ihrem Blog Gastrecht. Viele der vorliegenden Beiträge sind dort auf Deutsch und Französisch bereits erschienen.

Am 23. Mai 2014 feierte Schwester Claire-Marie ihren 91. Geburtstag. Ihr sei dieses Büchlein in Bewunderung und Dankbarkeit gewidmet.

Visp, im Sommer 2014
Hermann-Josef Venetz

Inhalt

Gott ist anders

Mit Gott im Clinch …

… sind wohl alle, die es mit ihm oder ihr zu tun haben, sowohl diejenigen, die sich als gläubig bezeichnen, als auch diejenigen, die von sich behaupten Atheisten zu sein. Der Grund: Der Gott, ob Menschen nun zu ihm beten oder ob sie ihn ablehnen, passt einfach nicht in das Bild, das sie sich von ihm machen. Wer zu Gott betet, hat eine ganz bestimmte Vorstellung von ihm, ganz bestimmte Erwartungen auch, die Gott erfüllen soll, wenn er wirklich Gott ist. Wer Gott ablehnt, hat auch eine bestimmte Vorstellung von ihm oder wenigstens eine leise Ahnung; man kann ja nicht jemanden oder etwas ablehnen, von dem man überhaupt keine Ahnung hat.

Sowohl der Gläubige als auch die Atheistin haben etwas gemeinsam: Sie machen sich ein Bild von Gott. Im Clinch sind sie nicht mit Gott, sondern mit dem Bild, das sie sich von Gott machen. Beiden wäre geholfen, wenn sie sich von ihren Gottesbildern befreien ließen.

Diese Gottesbilder sitzen tief in uns: Wenn schon Gott, dann muss er größer, mächtiger, erhabener, reicher sein als wir – wozu wäre er denn sonst gut? Und wir setzen alles daran, diesem Gott ähnlich zu werden, eben größer, mächtiger, erhabener, reicher – als die anderen. Ein solcher »Gott« wird so zum Grund unserer Konkurrenzkämpfe, der Kriege, der Unterdrückung, der Gewinnmaximierung, der Aufrüstung, des »immer mehr«, »immer schneller«, »immer mächtiger«, »immer reicher«.

Von einem solchen »Gott« dürfen, ja sollen wir uns verabschieden, bevor wir uns gegenseitig umbringen, wie das immer wieder und heute ganz besonders in der Welt geschieht. Der Gott, von dem die Bibel spricht, setzt gerade nicht auf Größe, nicht auf Konkurrenz, nicht auf Reichtum, nicht auf Gewalt, nicht auf Überlegenheit, nicht auf Allmacht, sondern – ganz im Gegenteil! – er setzt auf Versöhnung, auf Solidarität, auf Gerechtigkeit, auf Gewaltlosigkeit, auf Frieden.

Beim Philosophen Ernst Bloch habe ich einmal den Satz gelesen: »Nur ein Atheist kann ein guter Christ sein ...« Man könnte es auch so verdeutlichen:

Wirklich gläubig können wir nur werden, wenn wir uns von unseren allzu menschlichen Gottesbildern, von unseren selbstgefertigten Götzen, trennen. Der Prophet Jesaja lässt es Gott so sagen:

> Meine Gedanken sind nicht
> eure Gedanken, und eure Wege
> sind nicht meine Wege.
> Jesaja 55,8

Ob wir meinen, an Gott zu glauben, oder ob wir meinen, ihn ablehnen zu müssen: Befreien wir ihn doch endlich von den Fesseln, mit denen wir ihn gefangen halten!

Gottes schlechter Ruf

Bereits wenn wir das Wort »Gott« hören, ziehen wir den Kopf ein. Mit »Gott« bringen wir sogleich die »Gebote« in Zusammenhang, die wir eben nicht immer halten. Und so plagt uns das schlechte Gewissen. Kommt dazu, dass er uns vorwurfsvoll den Gekreuzigten vor Augen führt, der »für unsere Sünden gestorben« ist. Und wenn er dann noch mit der »Hölle« droht, ist es endgültig aus.

Noch etwas anderes ist dem guten Ruf Gottes abträglich. Wenn er »allmächtig« ist, wie wir sagen, muss er doch auch verantwortlich gemacht werden für all das Böse, das in dieser Welt geschieht. Nicht dass er alles Böse verursacht, aber er verhindert es auch nicht – trotz seiner Allmacht. Zugegeben, manch Schlimmes, das geschieht, müssen wir oder »die Menschen« auf die eigene Kappe nehmen – ich denke an Kriege, an Hungersnöte, Flüchtlingsströme ... Aber musste denn Gott die Menschen so erschaffen, dass sie sich gegenseitig bestehlen, bekriegen und umbringen?

Man soll jetzt nicht mit der »Freiheit« kommen. Gehört denn zur Freiheit, dass die Menschen übereinander herfallen? Gut, wir haben die Freiheit, es nicht zu tun. Aber haben wir diese Freiheit wirklich?

Wir können es drehen und wenden, wie wir wollen: Am Schluss hat doch immer wieder Gott den »Schwarzen Peter« in der Hand; er ist der Allmächtige, also trägt er letztlich auch die Verantwortung – es sei denn, er sei verantwortungslos. Aber wer will es schon mit einem verantwortungslosen Gott zu tun haben?

In solche Sackgassen müssen unsere Überlegungen führen, wenn wir über Gott reden wie über den Bundespräsidenten oder über die letzte Sonnenfinsternis oder über die Finanzkrise.

Gott ist nicht ein Objekt, über das wir nach unseren eigenen Vorstellungen reden oder verfügen können, und wir sind auch für Gott nicht Objekte, über die er so oder anders walten kann, einmal belohnend, einmal strafend.

Diesen Gott können und sollen wir vergessen. Zum einen, weil wir ohne ihn besser fahren, zum anderen, weil es ihn nicht gibt.

Der Gott, an den wir glauben, ist nicht der, der uns aus Distanz kritisch beobachtet, sondern der oder die, die uns in jedem Augenblick näher ist, als wir es uns selber sind. Es ist der Gott, dessen Name Zuneigung ist. Von dieser Zuneigung heißt es:

> sie ist langmütig und gütig ...
> sie trägt das Böse nicht nach,
> sie erträgt alles und hält allem stand ...
> Sie hört niemals auf.
> 1 Korinther 13

So ist Gott: der bedingungslos Liebende. Er hält Ausschau nach Mit-Liebenden. Wenigstens das sollten wir ihm nicht zum Vorwurf machen.

»Gott bin ich und kein Mann«

So spricht der Ewige: Als Israel jung war,
gewann ich es lieb und führte es als
meinen Sohn aus Ägypten heraus. Aber
sie liefen von mir weg. Immer wieder
schickte ich Propheten zu ihnen, die sie
zurückrufen sollten. Aber sie wollten
nicht. Sie opferten lieber Göttern, die
sie sich selbst gemacht haben, dem Baal
und dem Mammon. Dabei habe ich sie
doch gehen gelehrt, auf meinen Armen
getragen und sie wie Säuglinge an
meine Wangen gehoben. Mit Banden
der Güte zog ich sie an mich. Aber sie
erkannten nicht, wie innig ich sie liebte,
wie sehr ich mich um sie kümmerte.
Sie wandten sich ab und riefen zu Baal.
Als ob dieser ihnen helfen könnte!
Mein Volk ist mir untreu geworden.

Und doch: Wie könnte ich dich, Israel,
im Stich lassen? Wie könnte ich dich
vernichten? Schon der Gedanke daran
bricht mir das Herz und ich empfinde
tiefstes Mitleid mit dir. Denn ich bin Gott
und kein Mann. Ich, der Heilige, komme
um dich zu retten. Und eines Tages
wirst du mir nachfolgen und ich werde
dich zurück in deine Heimat führen.

nach Hosea 11,1–7

Gott liegt mit sich selbst im Streit. Wehmütig und enttäuscht zählt er all das auf, was er für sein Volk getan hat: Er hat es lieb gewonnen, hat es aus dem Sklavenhaus befreit, hat es auf Armen getragen und sich um es gekümmert, aber es wandte sich von ihm ab und wollte nichts von ihm wissen. Sollte er nicht Gleiches mit Gleichem vergelten? Sollte er es nicht im Stich lassen? Sollte er seinem berechtigten Zorn nicht freien Lauf lassen?

Er kann es nicht. Es würde ihm das Herz brechen. Es würde ihm aber auch gar nicht entsprechen. Rache, Vergeltung, Zorn – das alles ist Männersache. Gott ist anders.

... der die Sonne aufgehen lässt über Gute und Böse

Das Bedürfnis nach Gerechtigkeit ist sehr tief im Menschen verankert. Die Guten sollen belohnt und die Bösen bestraft werden. Das verlangt unser Rechtsempfinden. Das verlangt auch die so genannte internationale Gemeinschaft. Nach den Terroranschlägen in New York und Washington mussten die USA etwas unternehmen – das war für alle Kommentatoren klar. Nach unserer Bibel und unserer Glaubenstradition scheint auch Gott an diesem Prinzip nicht vorbeizukommen:

> Weicht von mir, ihr Verfluchten,
> in das ewige Feuer ...
> Kommt ihr Gesegneten meines Vaters
> und nehmt das Reich in Besitz ...
> Matthäus 25,31–46

Allerdings dringen in der jüdisch-christlichen Tradition auch andere Vorstellungen und Meinungen durch. In einer Erzählung diskutieren jüdische Gelehrte, wie es denn sein werde, wenn David und Goliath vor dem Angesicht des Ewigen erscheinen werden. Nach langem Hin und Her antwortet ein Weiser: »Sache Gottes ist es nicht zu belohnen oder zu bestrafen; Sache Gottes ist es, die beiden miteinander zu versöhnen.« Und das ist etwas ganz anderes.

In der Bergpredigt, wie sie der Evangelist Matthäus überliefert, steht im Zusammenhang der prophetisch-provokativen Aufforderung, die Feinde zu lieben, das Wort vom

> Vater im Himmel, der die Sonne aufgehen lässt über Gute und Böse und der es regnen lässt über Gerechte und Ungerechte.
> Matthäus 5,45

Freie, erwachsene Menschen bedürfen weder der Bedrohung durch Strafe noch der Lockung durch Belohnung. Was sie brauchen ist die Freiheit zur Liebe.

Die ganz andere Liebe

Wer nach »schönen« Texten zum Thema »Liebe« sucht, wird früher oder später auf das »Hohelied der Liebe« stoßen. Es steht im ersten Brief des Apostels Paulus an die christliche Gemeinde in Korinth:

> Wenn ich in den Sprachen der Engel und Menschen redete, hätte aber die Liebe nicht, wäre ich dröhnendes Erz oder eine lärmende Pauke.
>
> Und wenn ich prophetisch reden könnte und alle Geheimnisse wüsste; wenn ich einen Glauben hätte, der Berge versetzen könnte, hätte aber die Liebe nicht, wäre ich nichts ...
>
> 1 Korinther 13,1–2

Ein schöner und eindringlicher Text, aber doch etwas pompös und wirklichkeitsfremd. Sprachen der Engel oder Prophezeiungen liegen uns nicht.

Dann aber geht der Text sehr nüchtern weiter:

> Die Liebe ist langmütig, die Liebe ist gütig. Sie eifert sich nicht, sie prahlt nicht, sie bläht sich nicht auf. Sie lässt sich nicht zum Zorn reizen, trägt das Böse nicht nach ...
>
> 1 Korinther 13,4–5

Gegenüber den vorausgehenden Versen wirken diese fast selbstverständlich. Vielleicht. An die Grenze des Selbstverständlichen kommt der Text dann, wenn wir weiterlesen:

> Die Liebe erträgt alles, glaubt alles,
> hofft alles, hält alles aus ...
> 1 Korinther 13,7

Wirklich? Kommt nicht ab und zu der Punkt, an dem wir sagen – sagen müssen: Jetzt reicht's! Ich kann nicht mehr!

Völlig weltfremd schließt der Text ab:

> Die Liebe hört niemals auf ...
> 1 Korinther 13,8

Hat in unserem Leben nicht schon oft die Liebe aufgehört?

Je länger, je mehr komme ich zur Überzeugung: Paulus will hier gar nicht die Liebe der Menschen beschreiben; sie würden sich und einander schlicht überfordern. Vielmehr geht es um jene Liebe, die alle menschliche Vorstellung übersteigt – christlich gesprochen: um die Liebe Gottes. *Sie* ist langmütig und gütig und trägt das Böse nicht nach; *sie* erträgt alles und hält alles aus ... *Sie* hört niemals auf.

Diabolische Logik

Es sind Gedanken, die alles durcheinanderbringen. Da kommt der Diabolos, der Durcheinanderbringer, und flüstert in der Wüste dem hungernden Jesus zu:

- Wenn du der Sohn Gottes bist, dann mach, dass diese Steine Brot werden. Gott kann sich doch diesem deinem Anliegen nicht verschließen; du bist doch sein Sohn.
- Wenn du der Sohn Gottes bist, dann stürz dich hinab von der Zinne des Tempels. Das würde Eindruck machen und die Leute müssten endlich glauben. Dein Gott wird dich bestimmt beschützen, so steht es doch in der Bibel. Und du bist doch sein Sohn.

Wie wir uns den Diabolos oder den Teufel oder den Satan auch immer vorstellen – schwarz, gehörnt, mit Bocksfuß ... – eines ist sicher: Seine Gedanken oder Vorstellungen von Gott sind von unseren gar nicht so weit entfernt. Gott muss einfach allmächtig sein; das ist das Wichtigste. Und wenn er allmächtig ist, muss er doch Wunder wirken können. Und wenn er nicht Wunder wirken kann, ist er auch nicht allmächtig, und wenn er nicht allmächtig ist, ist er auch nicht Gott. So einfach und so »logisch« ist das.

Diese »Logik« ist es, die alles durcheinanderbringt. Vielleicht haben wir alle irgendwo im Innersten den Wunsch, selbst allmächtig zu sein. Wenn wir das aber zu Ende denken, wird die Welt zum Chaos; oder die andere Möglichkeit: jeder und jede hätte dann die Welt, die nach seiner oder ihrer Geige tanzt. Denn jede und jeder von uns hat ihre eigene Geige.

Stellen Sie sich vor, Ihr Partner oder Ihre Partnerin wäre allmächtig. Nicht auszudenken! Und nicht auszuhalten!

Jesus kennt den Namen Gottes. Er lautet:

> Ich bin der, der mit dir geht.
> Exodus 3,13

Jesus setzt in seinem Hunger in der Wüste nicht auf Wunder und nicht auf einen allmächtigen Gott, sondern auf einen Gott, der liebend mit ihm geht – selbst bis in den Tod.

Der Ort Gottes

Wieder einmal stritten die Jünger unter sich, wer von ihnen der Größte sei.

Der Streit und das Wetteifern um den ersten Rang – wo auch immer – ist so alt wie die Menschheit. Die Antwort Jesu verband er mit einer Art Zeichenhandlung:

> Er stellte ein Kind in ihre Mitte, nahm
> es in seine Arme und sagte zu ihnen:
> Wer ein solches Kind um meinetwillen
> aufnimmt, der nimmt mich auf;
> wer aber mich aufnimmt, der nimmt
> nicht nur mich auf, sondern den,
> der mich gesandt hat.
>
> Markus 9,33–37

Unsere Vorstellungen von Kindern sind von der Romantik geprägt: Sie sind herzig, unschuldig, lustig, offen ... Für sie tut man alles. Zur Zeit Jesu war das anders; sie wurden im gleichen Atemzug mit den Frauen und Sklaven aufgezählt: Frauen, Kinder, Sklaven, Fremde – sie waren die Letzten in der gesellschaftlichen Rangordnung. Wir wissen aus Berichten, aber auch aus der damaligen Gesetzgebung, dass Kinder abgetrieben, ausgesetzt, geschlagen, getötet wurden. Eines dieser Kinder, dieser Letzten, stellt Jesus in die Mitte und umarmt es. Ja mehr noch: Jesus identifiziert sich mit ihm: *Wer ein solches Kind aufnimmt, der nimmt mich auf.* Ja mehr noch: *Wer ein solches Kind aufnimmt, der nimmt auch den auf, der mich gesandt hat,* das heißt Gott, den Vater.

Im gleichen Evangelium lesen wir wenig später:

> Nur wer Gottes Reich aufnimmt wie ein
> Kind, wird dort hineingelangen.
> Markus 10,15

Dieses Wort ist auch im Griechischen doppeldeutig:
- Man soll das Reich Gottes so aufnehmen, wie ein Kind es aufnimmt, das heißt offen, ohne Argwohn und voll Vertrauen.
- Oder so: Man soll das Reich Gottes so aufnehmen, wie man ein Kind aufnimmt. Das würde heißen: Es sind die Letzten, die nichtsnutzen Kinder, bei denen das Reich Gottes zu suchen und zu finden ist.

Frauen, Kinder, Sklaven, Fremde, die Letzten – sind sie vielleicht der »Ort« Gottes?

Gott ist zärtlich

Alle vier Evangelisten berichten von der Taufe Jesu zu Beginn seines öffentlichen Auftretens, aber jeder setzt die Akzente etwas anders. Das ist nicht verwunderlich. Die Tatsache, dass Jesus von Johannes getauft worden ist, war für die ersten Christen ein Problem. Wenn Jesus von Johannes getauft worden ist, muss Johannes doch bedeutender gewesen sein als Jesus. Und so sahen manche gutgläubige Menschen in *Johannes* den Messias. Hier mussten die Dinge zurechtgerückt werden: *Nicht er* (der Täufer) *war das Licht, er sollte nur Zeugnis geben vom Licht,* heißt es im Johannesprolog (Johannes 1,8).

Den Evangelisten ging es nicht so sehr um das Faktum der Taufe Jesu als vielmehr um die Deutung des Geschehens. Die Texte sind voll der Hinweise:
- *der geöffnete Himmel* ist wie eine Antwort auf den Hilfeschrei des Volkes im Exil: *O dass du die Himmel zerrissest und herabstiegest ...* (Jesaja 63,19);
- *der Geist* Gottes ist derselbe, der *am Anfang über den Wassern schwebte* (Genesis 1,2);
- Jesus, *der Knecht, der Erwählte, an dem Gott sein Wohlgefallen hat und auf den er seinen Geist legt* (Jesaja 42,1), ist der *Sohn Gottes.*

Noch an vieles mehr wird hier erinnert. Geballte Theologie aus verschiedenen Zeiten und in verschiedenen Facetten.

Aber so vielfältig die Evangelisten das Geschehen schildern und interpretieren, eines fehlt doch bei keinem von ihnen – die *Taube.* In früheren Zeiten hatte die Taube auch außerhalb des Christentums eine religiöse Bedeutung, war sie doch als Vogel dem Himmel näher als alle anderen Geschöpfe. Dazu kam aber noch eine weitere Bedeutung: Sie galt ganz einfach als schön, lieblich, sanft, zärtlich und inspirierte zu Liebesgedichten, denken wir nur an das Hohelied im Ersten Testament, wo der Bräutigam von seiner Braut schwärmt:

> ## Deine Augen sind wie die einer Taube.
> Hohelied 1,15

Die Taube als Symbol des Friedens und der Zärtlichkeit ist von der Taufe Jesu nicht wegzudenken, nicht wegzudenken von der Beziehung Gottes zu seinem geliebten Sohn und zu allen Menschenkindern. Im ersten Johannesbrief heißt es:

> ## Gott ist Liebe.
> 1. Johannes 4,8

Ebenso könnte man auch sagen: *Gott ist Zärtlichkeit.*

Gott ist diskret

Es erstaunt immer wieder, wie diskret der Gott der jüdisch-christlichen Tradition den Menschen begegnet:

- Seine Visitenkarte ist ein brennendes Dorngestrüpp.
- Er stellt sich vor als *der Gott Abrahams, Isaaks und Jakobs,* als der Gott von Menschen wie du und ich, als der Gott auf Augenhöhe.
- Sein Name ist weder großartig noch umwerfend. Ganz einfach und gerade als solcher geheimnisvoll: *Ich werde mit euch gehen.*
- Er hat weder Tempel noch Palast noch ein Heer, das ihm zur Verfügung stünde.

Sein Gesandter ist ganz wie er. Eben – Mensch-gewordener Gott:

- Sein Name ist landläufig und gewöhnlich (Jeschua, Jesus).
- Sein Herkunftsort ist Nazaret in Galiläa, ein Bezirk, aus dem *nichts Gutes* zu erwarten ist.
- Eine Biographie ist nur schwer zu erstellen; von den ersten dreißig Jahren seines Lebens wissen wir so gut wie nichts.
- Seine Predigttätigkeit in Galiläa und Umgebung dauerte höchstens zwei bis drei Jahre – und keiner der damaligen Geschichtsschreiber nahm davon Notiz.
- Er umgab sich mit einfachen bis schlechtbeleumundeten Männern und Frauen und geriet so in Konflikt mit den politischen und religiösen Behörden, weil er den Machtlosen eine Stimme gab, weil für ihn die Armen und Ausgestoßenen wichtiger waren als schön geregelte und pompöse Opferfeste.

- Kaum Mitte dreißig wurde er wegen Aufruhrs gegen die Besatzungsmacht von einem römischen Exekutionskommando durch Kreuzigung hingerichtet.

Das ist oder war alles ...

... wenn da nicht ein paar Frauen die absurde und nicht beweisbare Nachricht verbreitet hätten, dass er lebe, dass Gott ihn auferweckt habe, und wenn diese Frauen zusammen mit den Männern nicht diese Auferstehung gelebt hätten, ebenso diskret, wie er gelebt hat und unter ihnen weiterlebt, leise, unaufdringlich.

Leider erhielt dieser diskrete Anfang eine ganz andere, eine fast polternde Fortsetzung, als hauptsächlich Männer die Sache an die Hand nahmen. Aus der armseligen Krippe wurden protzige Kirchen, aus Mahlfeiern wurden Pontifikalämter, aus Verheißungen Gesetze, aus Seligpreisungen Wehrufe, aus Verzeihung Bestrafung, aus Mitgehen Gängelung.

Wenn wir in unserem Denken und Reden über Gott doch etwas diskreter wären! So diskret wie Er.

Fingerzeige Gottes?

Wenn uns etwas zustößt, fragen wir uns oft, was für eine Lektion uns Gott erteilen, was für einen Fingerzeig er uns geben will. Es gibt Menschen, die gar schnell bereit sind, in allem einen Fingerzeig Gottes zu sehen:

- Jemand, der mir nahe steht, ist gestorben. – Der Fingerzeig Gottes: Du hättest mehr nach ihm sehen sollen.
- Heute war ich den ganzen Tag schlecht gelaunt. – Die Lektion, die Gott mir gibt: Gewöhne dich, abends früher schlafen zu gehen.
- Ein Kollege ist mit einem Herzinfarkt ins Spital eingeliefert worden. – Ein Fingerzeig Gottes: So geht es, wenn man seine Grenzen nicht anerkennen will.
- Der abendliche Spaziergang im Wald hat mir gut getan. – Die Lektion Gottes: Erlaube dir öfters solche Spaziergänge.
- Heute hätte ich mit meinem Wagen um ein Haar einen bösen Unfall gebaut. – Der Hinweis Gottes: Musst du denn für jeden Schritt den Wagen benutzen?

Der Beispiele gibt es mehr. Nur: Sind das alles Fingerzeige oder Hinweise Gottes? Sehen wir zu.

Es sind doch samt und sonders Hinweise, auf die ich selber auch kommen könnte. Sie sagen nichts, was mir nicht schon längst bekannt wäre. Das heißt: Ich projiziere die »Lektionen«, die ich mir selber gebe, in Gott hinein und lasse mir durch ihn meine eigenen Lektionen geben.

Wenn ich diese »Lektionen« näher betrachte, stelle ich fest, dass sie durchwegs moralisierender Art sind. Das bedeutet aber auch: Dadurch dass ich diese Fingerzeige in Gott hineinprojiziere, mache ich aus ihm einen Moralapostel, der mich mit erhobenem Zeigefinger jeweils an das erinnert, auf das ich schon lange selbst gekommen bin. Ich sollte:

- den Leuten mehr nachfragen,
- zu meiner Gesundheit mehr Sorge tragen,
- nicht für jede Ortsveränderung den Wagen benutzen...

Erteilt uns Gott also keine Lektionen bei all dem, was uns zustößt? Sagen wir mal so: nicht in dem Sinn, wie ich es eben getan habe. Und sicher erhebt er nicht dauernd den drohenden Zeigefinger. Bei allem, was uns zustößt, sei es an Positivem, sei es an Negativem, will Gott uns sagen:

> Ich bin bei dir, ich bin mit euch.
> Das ist seit jeher mein Name:
> Ich bin der Ich-bin-da.
> vgl. Exodus 3,14

Gott erteilt keine Lektionen; bei allem, bei wirklich allem, was mir zustößt, bringt sich Gott bei mir in Erinnerung: *Ich will, dass du bist und dass du du bist; ich geh mit dir.*

Gottes JA und AMEN

Gegen Ende des sogenannten ersten Schöpfungsberichts der Bibel steht der Satz:

> Und der Ewige sah alles, was er gemacht hatte – und es war sehr gut.
> Genesis 1,1–2,4a

Es klingt wie das jubelnde JA des Künstlers, der nach langem intensivem Planen und Schaffen sein Werk betrachtet und sich darin wiederfindet, oder wie das AMEN am Schluss eines preisenden Lobgesanges, in dem alle Register gezogen werden. JA, so ist es gut, genau das, was ich meinte. AMEN, so sei es und so soll es sich weiter entfalten bis zur Vollendung.

Leider fügten sich die Menschen nicht immer in diese gute Schöpfung ein, sie stimmten dem JA Gottes nicht zu, das AMEN Gottes fand in ihnen keinen Nachklang. Propheten mussten auf den Plan treten, um die Menschen immer wieder zu ermahnen. Aber nicht nur das; immer wieder riefen sie den Leuten zu, dass Gott sein JA trotz allem nie zurücknehmen werde. Gott ist treu – so interpretierten sie auch den geheimnisvollen Namen, den Gott dem Mose aus dem brennenden Dornbusch kundgetan hat: *Ich bin bei euch und gehe mit euch.*

Es stimmt überhaupt nicht, dass Treue ein altmodischer Begriff ist. Treue hat auch nichts mit Unbeweglichkeit zu tun. Treue ist nach vorwärts gerichtet. Nur wer treu ist, kann mit offenen Augen durch die Welt und auf den Mitmenschen zugehen und immer wieder neue Entdeckungen machen, Entdeckungen, die Spaß machen. Julie Andrews soll einmal gesagt haben: »Wenn einem die Treue Spaß macht, dann ist es Liebe.«

Ob Paulus an diese »Treue, die Spaß macht« gedacht hat, als er der christlichen Gemeinde in Korinth schrieb, dass im Messias Jesus das *JA Gottes,* die *Treue Gottes* Wirklichkeit geworden ist? (2 Korinther 1,19). Das JA Gottes trotz allem?

Gott Mammon

Was uns unbedingt angeht ist eine Wendung, die im letzten Jahrhundert Theologen ins Spiel brachten, als sie versuchten, über Gott nachzudenken.

Wenn wir heute nach dem fragen, *was uns unbedingt angeht,* werfen wir am besten einen Blick auf unsere Medien. Alle Nachrichten, die wir über Radio und Fernsehen und Internet x-mal am Tag zu hören und zu sehen bekommen, reden von dem, was uns unbedingt angeht, von dem, was uns umtreibt und in Atem hält, eben von »Gott«: von den Börsenkursen, von den Milliarden, die verloren gegangen sind, und den Billionen, die zur Rettung und Neuerstarkung der Finanzplätze benötigt werden.

Das Gebaren des freien Marktes und *die unsichtbare Hand* des Gottes Mammon mag uns zwar ab und zu unberechenbar und unverständlich, ja brutal erscheinen, doch muss man bedenken: Jeder »Gott« hat eine gewisse Unberechenbarkeit, jede »Religion« verlangt entsprechende Opfer und hat ihre Geheimnisse.

Für »Gott« muss man eben bereit sein, alles herzugeben, auch das, was uns wichtig ist und unser Überleben sicherstellt: die sozialen Errungenschaften, den Klimaschutz, den weltweiten Einsatz für die Hungernden, die Entwicklungshilfe ... Aber angesichts des Gottes Mammon ist all das höchstens zweit- und drittrangig. »Suchet zuerst ein gut funktionierendes Finanzsystem, und alles andere wird euch hinzugegeben werden.«

Mag sein, dass dieser »Glaube« in letzter Zeit etwas in die Krise geraten ist, aber auch das gehört zum »Glauben« und zu jeder »Religion«. Die Welt hat immer wieder aus der Krise herausgefunden und sie wird auch aus dieser Krise herausfinden, wenn sie dem Mammon freie Hand lässt, wenn sie sich dem, was uns unbedingt angeht, ganz öffnet.

Vielleicht sollten wir über das, *was uns unbedingt angeht,* einmal gründlich nachdenken.

Murrt nicht!

In der Bibel wird so oft gemurrt, dass »murren« geradezu ein theologischer Fachausdruck geworden ist.

Wann murren die Menschen?

Sie murren, wenn sie sich in der Wüste an die Fleischtöpfe in Ägypten erinnern, die ihnen jetzt nicht zur Verfügung stehen.

Sie murren, wenn sie Durst haben, den sie nicht sofort stillen können.

Sie murren, wenn die Kundschafter das Land, in das sie ziehen wollen, nicht so schildern, wie sie es gern hätten.

Im Neuen Testament setzt sich das Murren fort. Die Leute murren, wenn Jesus mit Sünderinnen und Zöllnern zu Tische liegt. Sie murren, wenn sich Jesus vom Oberzöllner Zachäus einladen lässt. Sie murren, wenn Jesus von sich sagt, er sei das Brot. Selbst seine Jünger und Jüngerinnen murren; ihnen ist seine Rede zu hart.

Menschen murren, wenn Gott sich nicht so verhält, wie sie es von ihm erwarten.

Was würde geschehen, wenn Gott dem Murren der Menschen nachgäbe? Sie wären sehr arm dran; sie hätten es nicht mehr mit einem unbegreiflich liebenden Gott zu tun, sondern mit einem Gott ihrer eigenen Vorstellungen, also mit einem kleinen Potentaten ihres eigenen Kalibers.

Gott geht auf das Murren der Menschen nicht ein. Das ist gut so. Das bedeutet nämlich, dass Gott sich selber treu bleibt und dass er nicht bereit ist, sich unseren Erwartungen anzupassen und auf unsere Ränkespiele einzugehen.

Schaut vorwärts!

Es macht wenig Sinn, darüber zu grübeln und sich darüber zu quälen, was man alles falsch gemacht oder vernachlässigt hat. Und wenn uns etwas Leidvolles zustößt, fragen wir bitte nicht, wofür uns Gott bestrafen will. Gewiss sollen wir die Dinge, die schiefgelaufen sind, wieder in Ordnung bringen, soweit das möglich ist, und Menschen, denen wir Unrecht getan haben, sollen wir um Verzeihung bitten. Quälen sollen wir uns aber nicht; Selbstvorwürfe blockieren nur; und Gott hat nicht das geringste Interesse daran, uns zu bestrafen. Vielmehr gilt es, *jetzt* da zu sein und es besser zu machen und ohne Hektik die Zeit zu nützen, die uns noch bleibt.

Leute kamen zu Jesus und berichteten ihm, dass der Turm am Siloach eingestürzt sei und achtzehn Menschen erschlagen habe. Jesus gestattet es nicht, nach der Schuld der Erschlagenen zu fragen; sie hatten nicht mehr Schuld auf sich geladen als alle anderen Bewohner Jerusalems. Die einzige Konsequenz, die es aus dem tragischen Vorfall zu ziehen gilt, ist diese:

> Kehrt um und fragt nach Gott und geht auf seinen Wegen!
>
> vgl. Lukas 13,1–5

Ein anderes Mal begegnet Jesus mit seinen Jüngern einem blindgeborenen Mann. Die Frage der Jünger war prompt die nach der Schuld:

> Wer hat gesündigt, dieser oder seine Eltern, dass er blind geboren wurde?
> vgl. Johannes 9,1–3

Ebenso prompt war die Antwort Jesu: *Weder – noch!* Fragt nicht nach der Schuld! Fragt nicht nach der Vergangenheit! Blickt vielmehr vorwärts, blickt vielmehr auf die Chancen, die Gott in seiner Weisheit diesem Menschen eröffnet! Und lasst euch in die Pläne Gottes einbinden!

Glaubende Menschen lassen sich weder von der eigenen Schuld noch von der Schuld anderer erdrücken. Sie fragen nach Gott, der das Leben aller will.

»Tu mir kein Wunder zulieb«

Diese Aussage steht in einem Gedicht von Rainer Maria Rilke, einer Art Gebet, das mit diesen Worten beginnt:

> »Alle, welche Dich suchen,
> versuchen Dich ...«

Zu diesen Versuchungen gehört eben auch diese, von Gott Wunder zu erwarten oder gar zu erbeten. Das Schlimme daran ist, dass wir dann Gott an diesen Wundern festmachen. Gott als Wunderwirker. Gott als der Allmächtige – eine weitverbreitete Vorstellung. Die Vorstellung, dass Gott »über« allem steht und zu jeder Zeit in die Geschicke der Welt und in Gesetze der Natur und in unser Leben eingreifen kann. Sind wir denn so sicher, dass Gott der Allmächtige sein will?

Rilkes Gedicht geht so weiter:

> »...Und die, so Dich finden,
> Binden Dich an Bild und Gebärde.«

Das ist seit jeher die Art der Menschen – auch und gerade der Gott suchenden Menschen – Gott zu versuchen: dass sie sich von ihm ein Bild machen, dem er – bitteschön – entsprechen soll. Dass sie ihn an Wunder binden, die er auf ihre Bitte hin zu wirken hat. Dass sie ihn unter Kontrolle haben wollen und ihn in Tempeln und Kirchen und Tabernakel einsperren. Dass er in allem der Stärkere, der Überlegene sein muss. Mit einer solchen Erwartungshaltung setzen wir Gott unter Druck. Ähnlich wie wir mit unseren Erwartungen unsere Mitmenschen und uns selbst unter Druck setzen.

Rilkes Gedicht geht so weiter:

> »Ich will von Dir keine Eitelkeit,
> die Dich beweist.«

Wir wissen aus eigener Erfahrung, dass es nie gut herauskommt, wenn wir meinen, uns beweisen oder jemandem imponieren zu müssen. Bei Gott ist es ebenso: Er soll sich durch nichts beweisen. Er soll nicht imponieren. Er soll Er sein. Er soll sich uns gegenüber nicht anders geben, als er ist.

Im Grunde genommen ist das die erste und darum wohl auch die wichtigste Bitte des Vaterunsers: *Dein Name werde geheiligt.* Du mögest Du sein und Du bleiben. Und nicht der, den wir uns wünschen oder uns vorstellen.

Wiederkehr der Religion?

Diese Frage wird in letzter Zeit oft und heiß diskutiert. Die einen freuen sich, andere ängstigen sich, den meisten ist es egal.

Der Begriff »Religion« ist mehrdeutig, wie denn auch ihr Bezugspunkt, »Gott«, mehrdeutig ist.

Mit »Gott« verband und verbindet sich seit jeher Allmacht und Stärke und Überlegenheit. Wenn Gott nicht Wunder wirken und das Böse nicht aus der Welt schaffen kann – wozu sollte er denn gut sein?

Wer einen solchen »Gott« verehrt, wird auch wie dieser mächtig, stark und anderen überlegen sein wollen. Der Konkurrenzkampf unter den Menschen und Religionen verschärft sich. Auf der Strecke bleiben einmal mehr die Schwachen, die Armen, die Nichtsnutze.

Wenn »Religion« diesen »Gott« meint, dann möchte ich nicht, dass sie wiederkehrt.

Die Bibel spricht von einem ganz anderen Gott. Nicht als Allmächtiger, Starker und Überlegener stellt er sich vor, sondern als Jener, dem das Elend seines Volkes in ägyptischer Knechtschaft zu Herzen geht, der sich berühren lässt, der mit-leidet, der Partei ergreift für die Gequälten, für die Unterdrückten. Ein liebender Gott ist er und darum auch verletzlich und ohnmächtig. Ein Gott, der die Menschen um Hilfe bittet:

> Und jetzt geh! – sagt er zu Mose –
> führe mein Volk aus Ägypten heraus! ...
> Ich werde mit dir sein.
> Exodus 3,1–12

Wenn »Religion« diesen Gott meint, dann sehne ich mich danach – und möchte versuchen, ihm zur Hand zu gehen.

Hundertfältige Frucht

So ist es eben, wenn der Sämann mit schwerem Schritt über das Feld schreitet und mit weit ausholendem Schwung den Samen wirft: manches fällt auf den Weg, manches auf felsigen Grund, manches fällt in die Dornen. Was soll's? Sollte er jedes Mal den schwungvollen Rhythmus des Säens unterbrechen und jedem einzelnen Saatkorn nacheilen? Mit Verlust muss man rechnen.

> Vieles fiel auf guten Boden und brachte Frucht.
>
> vgl. Markus 4,1–8

Sicher ist – und von dieser Überzeugung lässt sich der Sämann nicht abbringen: Der Boden ist gut. Und zu guter Letzt wird hundertfache Frucht dastehen.

Ein wunderbares Bild für das Reich Gottes, oder besser gesagt: für den Trotz der Liebe (was ja im Grunde genommen das gleiche ist). Zu schnell lassen wir uns den Mut und den Schwung nehmen. Zu schnell resignieren wir. Zu schnell lassen wir uns beeindrucken und hinhalten von Misserfolgen, von Enttäuschungen. Zu schnell geben wir klein bei.

Schauen wir auf den Sämann: er sät und sät und sät. Gewiss bemerkt er auch all das, was daneben geht, auf den Weg fällt, auf felsigen Grund, in die Dornen. Doch lässt ihn das nicht aus der Fassung und aus dem Schwung bringen. Der Boden ist gut. Und die Ernte, die Zukunft, gehört Gott; und sie wird grandioser sein, als wir erwarten und erhoffen.

Zum Engagement, zum Vertrauen, zur Liebe gehört eben ein Funke Trotz. Vielleicht sogar ein bisschen Sturheit.

Der Messias Jesus

Die Sackgasse

Seit Bestehen der Menschheit wurde die Frage nach »Gott« immer wieder gestellt und ganze Bibliotheken wurden zu diesem »Thema« geschrieben: Gott ist allmächtig, allwissend, allgegenwärtig; er hat alles erschaffen, er steht über allem, sieht alles, hört alles ... Man müsste doch meinen, zu diesem »Thema« sei bereits alles gesagt und gehört und geschrieben und gelesen worden. Aber eben: Wir haben »Gott« zum »Thema« gemacht – aber ihn nie zu Wort kommen lassen. Wir haben alles Mögliche in ihn hineinprojiziert und ihn so für uns zurechtgeschneidert. Wir haben uns einen Gott nach unserem Bild und Gleichnis (vgl. Genesis 1,26) gemacht und uns so in eine tödliche Sackgasse begeben.

Aus dieser Sackgasse könnte uns Jesus herausführen, wenn wir wirklich auf ihn sehen und ihn nicht zum altbekannten »Gott« machen würden, von dem wir ja ganz genau zu wissen meinen, wer er ist und was er sagt. Wenn wir beim Reden über Jesus nur unser Reden über Gott wiederholen – er ist allmächtig, allwissend, allgegenwärtig – drehen wir uns weiterhin im Kreis und bleiben so in der tödlichen Sackgasse. Aus dieser Sackgasse wird uns nur der Jesus befreien, den wir nicht zum »Thema« machen, sondern zu Wort kommen lassen, dem wir nachfolgen auf dem Weg zu den Armen und Fremden und Abgeschriebenen.

In den Evangelien gibt es manche Erzählungen und Gleichnisse, in denen Jesus zu Fragen und Verhaltensweisen Stellung nehmen muss, die in die Sackgasse führen. So am Ende der Bergpredigt:

> Nicht alle, die zu mir sagen: Herr! Herr!,
> werden in Gottes Welt gelangen, sondern die-
> jenigen, die den Willen Gottes im Himmel tun.
> Viele werden an jenem Tag zu mir sagen:
> Herr, Herr, sind wir denn nicht in deinem
> Namen prophetisch aufgetreten und haben
> in deinem Namen Dämonen ausgetrieben?
> Und haben wir nicht in deinem Namen viele
> Wunder gewirkt? Dann werde ich ihnen
> antworten: Ich kenne euch nicht …
> Matthäus 7,21–23

Die Leute, die Jesus anspricht, sind daran, in eine Sackgasse zu geraten, wenn sie meinen, durch *Herr, Herr*-Sa-
gen, durch Wunder und Dämonenaustreibungen dem
Anliegen Gottes zu genügen.

Dabei steht Jesus ganz auf der Linie alttestamentlicher
Propheten. Die Fragen der Leute, mit welchen religiösen
Praktiken sie Gott zufriedenstellen könnten, entlarvt der
Prophet Micha (8. Jahrhundert v. Chr.) als Sackgassen
und weist in eine andere Richtung:

> Es ist dir gesagt worden, was gut ist und
> was der Ewige von dir erwartet: Nichts
> anderes als dies: Recht tun, Güte und Treue
> lieben und in Ehrfurcht den Weg gehen
> mit deinem Gott.
> Micha 6,6–8

Dem konnte Jesus nur beipflichten (vgl. Matthäus 9,13;
12,6).

... denn sie fanden keine Unterkunft

Dieser Nebensatz gehörte zur spannendsten Sequenz, als wir damals zu Hause oder in der Schule die Weihnachtsgeschichte als Theater oder Singspiel aufführten (vgl. Lukas 2,7). Das »heilige Paar«, fremd in jener Gegend, die junge Frau kurz vor der Niederkunft, ging von Haus zu Haus, von Tür zu Tür, klopfte zaghaft an, bat mit zitternder Stimme um Unterkunft, und jedes Mal kam die gleiche schroffe, bestimmte, abweisende Antwort: »Kein Platz! Geht anderswo hin!«

Dabei ging es ja nicht um die Abweisung des Christkinds oder des Sohnes Gottes – da hätte man sich die Sache ja noch einmal überlegen können. Es ging um die Abweisung von Fremden. Und Fremde – das weiß man doch – sind Schmarotzer, unterhöhlen das mühsam aufgebaute Sozialsystem, und immer haftet an ihnen etwas Kriminelles. Das war damals nicht anders als heute.

Das wussten auch die Propheten, das wusste auch die Gesetzgebung im alten Israel. Kaum eine andere Menschengruppe wurde so eindringlich der Fürsorge der Mitbürgerinnen und Mitbürger anvertraut wie die *Fremden* – zusammen mit den *Witwen und Waisen*. Und daran hielt sich auch der Mann aus Nazaret, dem gerade diese Menschen besonders ans Herz gewachsen waren, so dass er sich sogar – zum Ärger der »besseren Leute« – zu ihnen an den Tisch setzte. Ja noch mehr: Er identifizierte sich ausgerechnet und ausdrücklich mit ihnen:

> Ich war fremd, und ihr habt mich
> nicht aufgenommen …

und:

> Was ihr den Fremden nicht getan habt,
> das habt ihr auch mir nicht getan.
> Matthäus 25,31–46

Große Nachhaltigkeit haben weder die Aufrufe der Propheten noch die alttestamentlichen Weisungen, weder der Prophet Jesus noch unsere beliebten Krippenspiele. Die Roma, die Flüchtlinge, die Asylsuchenden wissen davon ein Lied zu singen. Ein trauriges Lied.

Das Wort ist Fleisch geworden

Es gibt Situationen, in denen wir nichts sehnlicher erwarten als ein klärendes Wort. »Sag doch was!« Es muss nicht einmal ein großer Streit sein; man versteht einander nicht mehr, man wird einander fremd, man kann einander nicht mehr in die Augen schauen. Es bräuchte nur ein Wort. Es würde alles klären, es würde alles entkrampfen.

Der Hymnus zu Beginn des Johannesevangeliums singt von einem solchen Wort:

> ## Im Anfang war das Wort ...
> Johannes 1,1

Vielleicht ist damit jenes Wort gemeint, das die ganze Menschheit schon seit Langem ersehnt, das Wort, das alles klären und entkrampfen könnte.

Dieses Wort ist anders als unsere Worte, die oft nur Schall und Rauch sind. Es ist konkret und hat einen ganz bestimmten, unverwechselbaren Klang. Auf dem Höhepunkt des Hymnus heißt es von diesem Wort:

> ## Es ist Fleisch geworden und hat unter uns Wohnung genommen.
> Johannnes 1,14

Wer mit diesem Wort gemeint ist, dürfte klar sein. Am Schluss des Liedes wird es auch ausdrücklich gesagt: Das *Gesetz ist durch Mose gegeben worden,* das *Wort* aber, das Zuwendung und Treue bedeutet, das Wort, auf das alle immer schon gewartet haben und das für die ganze Welt so erhellend und befreiend sein möchte, *ist durch den Messias Jesus zum Anfassen da.*

Das Wort – es könnte ja auch ein Hilferuf sein, Gottes dringende Bitte, ihm beim Aufbau einer gerechten und friedlichen Welt behilflich zu sein.

Das große Anliegen Jesu

Jesus wollte nicht als »Gutmensch« gelten; für ihn stand im Zentrum das Kommen Gottes. Darum setzte er alles daran, dass die Menschen heil – oder wie die Bibel auch sagt: *ganz* – werden. Denn Gott meint immer den ganzen Menschen. Dazu gehört auch die Gemeinschaft.

Jesus war nicht auf die Krankheit fixiert, die es um jeden Preis zu heilen gilt, auch nicht auf das Individuum, das sich an ihn wendet. Die erste Heilung, von der das erste Evangelium berichtet, erzählt von einem Mann, der besessen war – von was für Mächten, Zwängen, Vorschriften und Einengungen auch immer. Der Mann konnte einfach nicht er selbst sein. So jemand ist nicht heil, nicht ganz, nicht er selbst. Jesus liegt alles daran, dass Menschen sie selbst, das heißt frei sein können, weil sie nur als freie Menschen zur Liebe und zur Gemeinschaft fähig sind. Und darum geht es doch, wenn Gott wirklich im Kommen ist (Markus 1,21–28).

Wenig später erzählt Markus von einer Frau, die während zwölf Jahren an Blutungen litt. Was sie krank machte und im Innersten tief verletzte, war nicht ihr körperliches Gebrechen, sondern die Tatsache, dass sie dieses Gebrechens wegen von der Gesellschaft ausgeschlossen war. Jemand, der aus der Gesellschaft ausgeschlossen ist, kann nicht heil sein, kann kein ganzer Mensch sein. Markus erzählt, dass die Frau dadurch heil geworden ist, dass sie Jesu Gewand berührt hat. Es scheint aber, als ob Jesus das nicht gelten lassen wollte. Er wollte nicht eine Heil-Maschine sein und die Frau sollte nicht zu einem Heilungs-Objekt degradiert werden. Er wollte diese Frau sehen, ihr gegenüberstehen; er

wollte sie ansprechen und sie sollte mit ihm reden können, sie sollte sie selbst sein, und zwar inmitten jener
Leute, zu denen sie doch gehörte (Markus 5,25–34).

In der nächsten Szene steht Jesus vor der verstorbenen
Tochter des Synagogenvorstehers Jaïrus. Jesus kennt
keine Berührungsängste, weder gegenüber einer Frau
noch gegenüber einer Toten:

> **Er nahm sie bei der Hand und sagte ihr:
> Steh auf!**
> Markus 5,41

Wenn es um Leben und Sterben geht, kennt Jesus keine
Tabus. Da gibt es nur noch Nähe. Und was noch (fast)
rührender ist: Er sagte zu den Staunenden, man solle ihr
zu essen geben. Echter kann man sich die Einweisung
ins Leben, die Einweisung in die Gemeinschaft, in das
Ganz-Sein kaum noch vorstellen.

Das Kreuz mit dem König

Die Stämme Israels wollten unbedingt einen König haben, *so wie es bei allen Völkern ist.* Samuel – und andere Propheten vor und nach ihm – lehnten das Ansinnen ab: *Gott, der Ewige, ist euer König.* Wie der Wunsch nach einem König zu deuten ist, teilte Gott selbst dem Propheten mit:

> Nicht dich haben sie verworfen, sondern mich: Ich soll nicht mehr ihr König sein.
> 1 Samuel 8

Das Begehren des Volkes muss man verstehen. Gott, der Ewige, soll König sein? Dieser Gott, von dem wir nicht einmal ein Bild haben? Nicht einmal den Namen wissen? Der keine Armee und keinen Beamtenstab hat? Nein, wir wollen einen »richtigen« König haben mit allem Drum und Dran; wir wollen sehen und wissen, woran wir sind.

Aus der Geschichte Israels wissen wir, dass das Königtum kläglich gescheitert ist: 722 v. Chr. ist das Nordreich Israel, 587 v. Chr. das Südreich Juda untergegangen; die Könige wurden gefangen genommen und deportiert.

Der Ruf nach einem König wird immer wieder laut. Auch bei uns. Gewiss passt in unsere Schweiz hinein nicht ein »König«, aber so etwas wie ein »starker Mann« oder eine »starke Frau« käme uns doch sehr gelegen. Bei starken Männern und Frauen weiß man, was man hat, man weiß, wie sie heißen, wie sie aussehen, was für Skandale und Skandälchen sie umgeben. Vor allem weiß man, an wen man die Verantwortung abschieben kann. Und ganz abgesehen davon wäre auch der Kult gewährleistet, wie er ganz selbstverständlich um starke Männer und Frauen gemacht wird, z.T. von den Angebeteten selbst gesponsert: der Personenkult. Es gibt ihn nicht nur in der Politik und in der Wirtschaft und in der Disco.

In den Evangelien heißt es von Jesus von Nazaret, er sei ein König. Sehen wir gut zu, unter welchen Umständen das geschieht. Wenn die Evangelisten von Jesus als einem König sprechen, schleppen sie ihre Leserinnen und Leser entweder vor den ärmlichen Futtertrog, in dem ein obdachloses Kind hungert (Lukas 2,1–14), oder vor das Kreuz, an dem ein junger Mann den Sklaventod stirbt (Markus 15,33–39), oder vor die Scharen von Hungernden, Dürstenden, Nackten, Gefangenen, Fremden: was ihr ihnen tut, tut ihr dem König (Matthäus 25,31–46).

Ein anderes Königtum gibt es nicht – es sei denn, wir entdeckten im obdachlosen Kind und im gekreuzigten Sklaven und in den Scharen von Vertriebenen und Asylanten jene königliche Würde, die ihnen von Gott her tatsächlich zukommt.

Die Vision
des Menschensohns

Eine der eindrücklichsten Visionen, die uns das Buch
Daniel schildert, ist die des Menschensohns (Daniel 7).
Das Volk der Juden befand sich in einer sehr schlimmen
Lage – es war die Zeit der Verfolgung durch Alexander
IV. Epiphanes (175–164 v. Chr.). Die Geschichte Gottes
mit seinem Volk schien zu Ende zu gehen. Und doch
gab der Seher Daniel seine Hoffnung nicht auf. Was
seine Glaubensbrüder und -schwestern bereits alles erlebt hatten, erschien ihm in Gestalt von vier schreckli-
chen Tieren, die eines nach dem anderen aus dem Meer,
dem Ort des Unheils, gekommen waren. Die vier Tiere
waren Sinnbilder der menschenverachtenden Regime,
unter denen die Frommen zu leiden hatten: das baby-
lonische, das medische, das persische Reich und das des
Alexander des Großen. Im weiteren Verlauf der Vision
hält Gott über diese Reiche Gericht. Denn wenn Gott zu
seinem Wort steht – und darüber durfte es keinen Zweifel geben –, dann wird er diese Reiche entmachten und
so sein Volk erretten.

Im nächsten Akt sah Daniel in seiner Vision eine lichte
Gestalt vom Himmel her kommen:

> … wie ein Menschensohn …
> Ihm wurden Herrschaft,
> Würde und Königtum gegeben;
> alle Völker, Nationen und
> Sprachen sollten ihm dienen …
> Daniel 7,13–14

So viel dürfte klar sein: So wie die vier Tiere aus dem Meer vier Reiche versinnbildlichten, so geht es auch bei ihrem Gegenüber, dem *Menschensohn,* zuerst einmal um ein Reich. Im Unterschied zu den *großen Tieren* aus dem dunklen Meer handelt es sich jetzt um eine lichte, *menschliche* Gestalt als Zeichen eines lichten, menschlichen Umgangs der Menschen miteinander. Der *Menschensohn* also als Zeichen für die Treue und Menschenfreundlichkeit Gottes, der das Dunkle und Menschenverachtende überwinden und dem Hellen, der Menschenwürde, zum Sieg verhelfen wird.

Als fast 200 Jahre später *Jesus* in Galiläa auftrat, erinnerten sich seine Jüngerinnen und Jünger an Daniels Vision. Sie sahen in Jesus jenen Menschensohn, der inmitten einer Welt von Gewalt und Hass ein ganz anderes »Regime«, nämlich das *Reich Gottes,* ansagte und praktizierte.

Effata!

> Danach blickte Jesus zum Himmel auf,
> seufzte und sagte zum Taubstummen:
> Effata!, das heißt: Öffne dich!
> Sogleich öffneten sich seine Ohren,
> seine Zunge wurde von ihrer Fessel
> befreit, und er konnte richtig reden.
> Markus 7,31–37

Einfach ein Wunder mehr? Wunder zählt man nicht!
Jedes beinhaltet eine Welt für sich.

Stummheit war und ist nicht bloß ein körperliches Gebrechen. Für Stummheit gibt es verschiedene Gründe.
Es gibt Leiden, das stumm macht. Es gibt Gemeinheiten,
die einem die Sprache verschlagen. Zur Zeit Jesu stand
Palästina unter der Herrschaft der Römer; es gibt die
dumpfe Stummheit der Unterdrückten.

Es gibt Leute, die haben mehr als andere, mehr an Besitz, mehr an Einfluss. Es gibt auch Leute, die haben
mehr an Sprache; sie haben dementsprechend auch
mehr zu sagen. Wer Sprache hat, hat auch Macht. Daneben gibt es Menschen, die nicht nur arm sind, ohne
Einfluss und ohne Namen; sie haben auch keine Sprache, sie haben nichts zu sagen. Nicht nur der Besitz,
auch die Sprache ist ungerecht verteilt.

Wenn Jesus sich der Stummheit entgegenstellt, dann stellt er sich der Unterdrückung und der Dumpfheit und der Ungerechtigkeit entgegen. Dabei schreibt er den Leuten nicht vor, was sie wie sagen sollen. Er – so heißt es – befreit sie von der *Fessel der Sprachlosigkeit*. Er befreit sie zum Reden, zum *richtigen* Reden. Er lässt die Leute ihre eigene Sprache sprechen.

Entgrenzungen

Grenzen bieten Sicherheit. Wo Grenzen fallen, werden Menschen verunsichert. Es gibt Leute, für die ist Sicherheit wichtigstes Bedürfnis und wichtigste Voraussetzung für ein friedliches Zusammenleben der Bürgerinnen und Bürger. Für die meisten Menschen gehen »Friede und Sicherheit« zusammen und stehen zuoberst der Prioritätenliste.

Es geht dabei nicht nur um staatliche Grenzen. Es gibt auch Grenzen im Umgang miteinander, kulturelle, religiöse und konfessionelle Grenzziehungen. Wer solche Grenzen verwischt, verunsichert die Menschen und wird von der Gesellschaft abgelehnt.

Von Jesus von Nazaret lässt sich (fast) nur Gutes sagen. Er setzte sich für die Armen ein, heilte Kranke, befreite Menschen von verschiedenen Besessenheiten. Dagegen war und ist nichts einzuwenden, weder von der römischen Besatzungsmacht noch von den Frommen damals und heute. Was Jesus zum Verhängnis wurde, waren seine Grenzüberschreitungen: dass er mit dem Zöllner Levi und anderen schlechtbeleumdeten Menschen aß und trank; dass er die stadtbekannte Frau gewähren ließ, die ihm die Füße wusch, mit ihrem offenen Haar trocknete und dann erst noch küsste; dass er sich mit dem heidnischen Hauptmann auf den Weg machte, um dessen Sohn zu heilen; dass er die Ehebrecherin nicht der »gerechten Strafe«, der Steinigung, zuführte.

Und dann sprach er erst noch von einem Gott:

> ... der die Sonne aufgehen lässt
> über Böse und Gute und regnen lässt
> über Gerechte und Ungerechte.
> Matthäus 5,45

Er verwischte so die Grenze zwischen bös und gut, zwischen gerecht und ungerecht.

Der Gott Jesu ist nicht ein Grenzzieher. Ihm geht es nicht darum, die Guten zu belohnen und die Bösen zu bestrafen; ihm geht es um die Versöhnung. Das hat mit Beliebigkeit nichts zu tun, sehr viel aber mit der entgrenzten, entfesselten Liebe.

Heute

Hier eine jüdische Erzählung, die in verschiedenen Varianten zu uns gekommen ist. Sie setzt den Psalm 95 voraus, der im Stundengebet der katholischen Kirche jeden Morgen gebetet wird. Der Vers, auf den die Erzählung Bezug nimmt, lautet:

> O, dass ihr doch heute auf seine Stimme hört; verhärtet eure Herzen nicht …
>
> Psalm 95

Eines Tages fragte Rabbi Josua ben Levi (1. Hälfte des 3. Jahrhunderts) den Propheten Elija: »Wann wird der Messias endlich kommen?«

Elija antwortete: »Geh doch zu ihm hin und frag ihn selbst.«

Da sagte Rabbi Josua: »Wo ist er denn?«

Elija antwortete: »An den Toren Roms.«

»Und wie werde ich ihn erkennen?«

»Er sitzt unter den aussätzigen Bettlern. Während aber diese ihre Bandagen alle auf einmal abnehmen und dann die neuen anlegen, löst der Messias seine Bandagen einzeln ab und legt die neuen einzeln wieder an. Er denkt sich nämlich, dass Gott ihn jeden Augenblick rufen könnte, um die Erlösung zu bringen. So hält er sich in ständiger Bereitschaft.«

Rabbi Josua ging, erkannte ihn und grüßte ihn: »Friede sei mit dir, Meister und Lehrer!«

»Friede sei mit dir, Josua ben Levi!«

»Wann wirst du kommen, Meister?«

»Heute.«

Später beschwerte sich Rabbi Josua ben Levi bei Elija: »Der Messias hat mich angelogen. Er sagte, dass er heute kommen wird, und er ist nicht gekommen.«

Elija sagte: »Du hast nicht gut hingehört. Er hat dir doch den Psalm 95 zitiert: *Heute – wenn ihr nur auf seine Stimme hört!*«

Karriere nach unten

Wer Karriere machen will, möchte nach oben. Hoch hinaus. Andere überrunden. Besser und bedeutender sein als die anderen.

Der Karriere opfern wir viel, für sie investieren und tun wir alles. Unsere Bildung ist auf Karriere ausgerichtet. Die Fächer, die die Schule anbietet, haben vor allem die Karriere der Zöglinge im Blick. Ohne Englisch keine Karriere. Ohne akademischen Abschluss keine Karriere. Ohne Beziehungen keine Karriere. Ein wichtiger Blickpunkt der Karriere ist das Mehr: mehr Geld, mehr Einfluss, größeres Prestige, höherer Status.

In den 50er-Jahren des ersten Jahrhunderts gab es im östlichen Griechenland die römische Militärkolonie Philippi, eine richtige Karrierestadt im Sinne Roms. Jeder und jede drängte nach oben. In dieser Stadt gründete Paulus eine christliche Gemeinde, übrigens die erste auf europäischem Boden. Wenige Jahre später musste Paulus feststellen, dass es in dieser Gemeinde nicht viel anders zu- und herging als in der Stadt. Die Mechanismen des Zusammenlebens glichen sich denen der Stadt an. Leute, die nichts anderes als ihre Karriere im Sinn hatten, setzten alles daran, so weit wie möglich nach oben zu kommen; wenn es ihnen in der Stadt auf politischer Ebene schon nicht gelang, zu Amt und Würden zu kommen, versuchten sie, es wenigstens in der christlichen Gemeinde zu etwas zu bringen.

In seinem Brief an die christliche Gemeinde in Philippi ruft Paulus den Leuten einen alten Christus-Hymnus in Erinnerung, der gewissermaßen die Grundlage des

Glaubens und das Grundmuster christlicher Existenz war und das Maß an Jesus, dem Messias nahm:

> Er war in allem Gott gleich,
> und doch hielt er nicht gierig daran fest,
> so wie Gott zu sein.
> Er gab alle seine Vorrechte auf
> und wurde einem Sklaven gleich.
> Er wurde ein Mensch in dieser Welt
> und teilte das Leben der Menschen.
> Im Hören auf Gott erniedrigte er sich so tief,
> dass er sogar den Tod auf sich nahm,
> ja, den Verbrechertod am Kreuz.
> Darum hat Gott seine »Karriere«
> dadurch vollendet,
> dass er ihm seinen eigenen Namen und
> seine eigene Würde gab.
> Und alle Menschen sollen in ihm das Modell
> ihres eigenen Lebens sehen und
> feierlich bekennen:
> »Jesus Christus ist der HERR!« –
> zur Ehre Gottes des Vaters.
>
> Philipper 2,6–11

In der damaligen Zeit war HERR der Titel des römischen Kaisers. Für Christinnen und Christen war HERR – wie im griechischen Alten Testament – der unaussprechliche Name für GOTT.

Die »Karriere« Jesu, die im Hymnus besungen wird, ist letztendlich die Karriere Gottes. Es ist die Karriere nach unten.

Keine Chance

Jesus hatte nicht die geringste Chance, als er in der Synagoge seines Heimatortes Nazaret auftrat. »Den kennen wir doch!« – »Der war doch einmal Hilfsarbeiter bei...« – »Seine Mutter, seine Brüder und Schwestern – auch nichts Besonderes.« – »Was will denn der? Von dem ist eh nichts zu erwarten.«

Und die Leute ließen sich nicht bewegen. Der Evangelist Markus hält fest:

> Er konnte dort keine einzige
> Machttat tun.
> Markus 6,1–6

Keine Chance haben bei uns viele Menschen, weil wir meinen sie zu kennen, weil wir von ihnen nichts mehr erwarten, weil sie für uns nichts Besonderes sind. Dazu gehören oft auch Ehepartner, Freundinnen, Kollegen. Sie haben uns nichts mehr zu sagen; sie *können* uns auch nichts sagen, weil wir nicht hinhören und weil wir uns nicht bewegen lassen.

Keine Chance hat bei uns auch Gott. Nachdem man uns in Sonntagspredigten immer wieder präzise sagte, wer Er ist und wie Er ist und was wir zu tun haben, wird Er für uns kaum noch eine Überraschung bereithalten.

»Was will denn der?!« – »Den kennen wir doch!« – »Nichts als fromme Sprüche!« – »Da ist nichts zu erwarten!«

Wir haben Ihn in Stein gemeißelt und zwischen Buchdeckel gezwängt. Er wird an uns keine Machttaten tun. Er wird auch uns kaum bewegen.

Kurzer Prozess

Dass Jesus nicht einfach von »den Juden«, sondern von einem römischen Exekutionskommando zu Tode gebracht wurde, steht fest. Warum die Römer den Nazarener in einem Schnellverfahren hinrichteten, kann man höchstens zu rekonstruieren versuchen. Für Rom war Jesus eine Art Sicherheitsrisiko. Mit Leuten, die die Gesellschaft destabilisieren, wie man sagt, macht man kurzen Prozess (Markus 14–15).

Die Verurteilung Jesu aus fadenscheinigen Gründen und sein Tod mit all dem blamablen Drum und Dran machte seinen Anhängerinnen und Anhängern arg zu schaffen. Für den Künder der Nähe Gottes hätten sie sich einen gehaltvolleren Prozess und einen würdigeren Tod vorstellen können als die für Aufrührer und aufständische Sklaven bestimmte Hinrichtung am Kreuz.

Die ersten Christinnen und Christen versuchten nicht, den Realismus – um nicht zu sagen: die Sinnlosigkeit – des Todes Jesu irgendwie schönzufärben. Mit dem Bekenntnis, dass Gott ihn von den Toten auferweckt hat, wollten sie auch nicht über die Scheußlichkeit des Todes Jesu und der vielen anderen Tode hinwegtäuschen. Im Gegenteil. Es ist, als ob sie mit dem Erzählen des Todes Jesu kundtun wollten, dass Gott kein Weg zu weit und kein Abgrund zu tief und kein Tod zu absurd ist, um die Menschen dort heimzusuchen, wo sie sind: bedroht von Hunger und Krieg, gefangen in Selbstgerechtigkeit, fern von Gott.

Von hier aus versteht sich auch das Ende der Passionsgeschichte des Markusevangeliums:

Als die sechste Stunde kam, brach über
das ganze Land eine Finsternis herein.
Sie dauerte bis zur neunten Stunde.
Und in der neunten Stunde rief Jesus
mit lauter Stimme:
Mein Gott, mein Gott, warum hast du
mich verlassen?
Einige von denen, die dabeistanden und
es hörten, sagten: Hört, er ruft nach
Elija! …
Jesus aber schrie laut auf. Dann hauchte
er den Geist aus.
Da riss der Vorhang im Tempel von oben
bis unten entzwei.
Als der Hauptmann, der Jesus gegen-
überstand, ihn so sterben sah, sagte er:
Wahrhaftig, dieser Mensch war
Gottes Sohn.
Markus 15,33–39

Durch das ganze Evangelium hindurch lässt der Evangelist Markus den Titel *Sohn Gottes* für Jesus nicht einfach so gelten, weil dieser Titel zu irreführend ist; damals beanspruchten auch Pharaonen, Kaiser und Könige
diesen Titel für sich. Für den Evangelisten »stimmt« der
Titel *Sohn Gottes* für Jesus erst hier unter dem Kreuz.

Wunder –
nicht zum Weitersagen

Der Evangelist Markus hält nicht viel von Wundern. Den geheilten Aussätzigen schickte Jesus fort und schärfte ihm ein, niemandem etwas davon zu sagen (Markus 1,44). Auch dem Taubstummen, dem er die Zunge gelöst und dem Blinden, dem er die Augen geöffnet hat, erlaubte er nicht, über das Vorgefallene zu reden (Markus 7,32–36; 8,22–26). Als Jesus die Tochter des Jaïrus auferweckte, waren die Scharen und die Klagefrauen außer sich vor Staunen. Aber Jesus gebot ihnen streng, dass niemand davon erfahren dürfe (Markus 5,35–43). Ist ein solches Schweige-Gebot nicht völlig illusorisch?

Was wollte Markus mit diesen Schweige-Geboten? Er schrieb sein Evangelium in den 70er-Jahren des 1. Jahrhunderts, und zwar an christliche Gemeinden im Römischen Reich. Der Kaiser und das Imperium waren das Faszinierendste, das man sich vorstellen konnte. Spätestens nach dem Tod eines Kaisers wurde dieser ins Pantheon, in die Götterwelt aufgenommen; es wurden für ihn Statuen und Tempel errichtet. Die Geschichtsschreiber wetteiferten miteinander, wer von ihnen den jeweiligen Kaiser ins hellere Licht setzen konnte.

Leute, die sich zum Messias Jesus bekannten, waren oft versucht, Jesus in Konkurrenz zu den Kaisern zu sehen. Waren die Kaiser »Söhne Gottes«, musste auch Jesus »Sohn Gottes« sein. Nannten sich die Kaiser »Retter und Heiland«, musste auch Jesus »Retter und Heiland« sein. Hatten die Kaiser zu ihren Lebzeiten Wunder gewirkt, wie das ihre Biographen belegen, musste selbstverständlich auch Jesus Wunder gewirkt haben.

Also: Jesus – der mächtigere Kaiser?, der strahlendere Sohn Gottes?, der überzeugendere Retter und Heiland?, der erfolgreichere Wunderwirker?

Das kann's doch nicht sein! Macht und Erfolg sind nicht Kategorien des Reiches Gottes, wie Jesus es verkündete und lebte. Wer auf einen mächtigen und erfolgreichen Gott setzt, ist auch bereit, in seinem Namen Kriege zu führen. Nicht Allmacht, Stärke, Überlegenheit und auch nicht Wunder sind die Kennzeichen des Gottes Jesu, sondern – wie Jesus selbst es gelebt hat – das Mit-Sein mit den Armen und Geplagten und Gescheiterten.

Weihnachtliche Kontraste

Die Botschaft ist unerhört, darum treten Scharen von Engeln auf:

> ## In der Stadt Davids ist heute der Retter geboren, der Messias, der Herr.
> Lukas 2,11

Diese Titel waren damals ausschließlich dem Kaiser in Rom vorbehalten.

Rom
Hier kam alles zusammen, was Rang und Namen hatte.

Aber nicht Leuten von Rang und Namen wird die Botschaft von der Geburt des Retters verkündet, sondern Hirten, schrägen Gestalten.

Diese machen sich auf und gehen – nach Betlehem.

Betlehem
Vor längst vergangenen Tagen wurde der Prophet Samuel von Gott nach Betlehem geschickt, um einen der Söhne Isais zum König zu salben. Noch nie hat man vorher gehört, dass diese Familie eine besondere Bedeutung hätte. Aber Samuel geht und lässt sich die Söhne vorstellen, einer imponierender als der andere. Aber keiner von ihnen sollte es sein. *Gott schaut nicht auf das Aussehen,* sagte die Stimme. Das Herz ist wichtig.

Schließlich war kein Sohn mehr da – außer David, der Jüngste, der noch gar nicht so recht zählte und auf dem Feld die Schafe hütete. Kaum betrat der Junge das Haus, sagte die Stimme Gottes zu Samuel:

> **Er ist es! Salbe ihn!**
> 1 Samuel 16,1–13

Wer sich für Betlehem entscheidet, entscheidet sich für das Unscheinbare, für das Kleine, für das, was nicht zählt ...

... das aber durchaus für eine Überraschung gut sein könnte.

Weil sie arm sind

Papst Franziskus hat es uns auf eindrückliche Weise in Erinnerung gerufen, was wir aus der Bibel schon lange wissen: Jesus stand auf der Seite der Armen. Die Evangelien erzählen uns auf Schritt und Tritt: von Arbeitslosen, Blinden, Aussätzigen, von Prostituierten, die oft der blanke Hunger auf die Straße trieb, von Kleinbauern, für die die Steuerlast zu groß war …

Ausgerechnet für diese Leute schlug das Herz des Nazareners. Und das war nicht eine Marotte von ihm. Er konnte doch immer wieder in der Bibel lesen, wie sich der Ewige als Gott der Armen und Hungernden und Leidenden und Unterdrückten vorstellte, so zum Beispiel als er Mose schickte, sein Volk zu befreien:

> Ich bin der Gott deines Vaters, der Gott Abrahams, Isaaks und Jakobs … Ich habe das Elend meines Volkes, das in Ägypten ist, gesehen, und ihr Schreien über ihre Treiber habe ich gehört; ja, ich kenne seine Leiden. Darum bin ich herabgestiegen …
> Exodus 3

Der Gott Jesu ist ein Gott, der das Elend sieht und das Klagegeschrei hört, ein Gott, der nicht mehr an sich halten kann, wenn er Menschen in Not sieht.

Aber ausgerechnet mit dieser Feststellung tun wir uns schwer. Und unser Einwand – um nicht zu sagen: Protest – ist seit jeher der gleiche: Die Armen sind doch um keinen Deut besser als die Reichen. Man frage nur jene, die es berufswegen täglich mit Armen zu tun bekommen.

Unter den Armen gibt es nicht weniger Betrüger und Diebe, nicht weniger Neider und Lügner, nicht weniger Intriganten und Gewalttätige als anderswo auch. Aber gerade das ist die Schwierigkeit, um die es geht: Wir meinen immer noch, Gott müsse so lieben wie wir; und wir lieben, weil die andern nett sind zu uns, weil die andern uns keine Schwierigkeiten machen, weil sie uns achten, weil sie gleicher Meinung sind wie wir, weil sie das Treppenhaus – wie es sich gehört – in Ordnung halten ... Und so meinen oder erwarten wir auch von Gott, dass er nur die Ordentlichen liebt, Leute, die keine Schwierigkeiten machen, die am Sonntag zur Kirche gehen, die ihre Steuern bezahlen und weiße Westen tragen ...

Wie von selbst kommt mir das Wort Jesu in den Sinn:

> Wenn ihr nur die liebt, die euch lieben ...
> Das tun doch auch die Sünder! Und wenn ihr nur denen Gutes tut, die euch Gutes tun ...
> Tun das nicht auch die Heiden? Und wenn ihr nur die grüßt, die euch grüßen ... Was tut ihr da Besonderes?
> Matthäus 5,46–47

Die Liebe Gottes »funktioniert« eben nicht so wie die unsere, ja sie lässt sich mit der unseren gar nicht vergleichen, sie hat eine völlig andere »Logik«. Gott liebt und achtet die Armen nicht, weil sie gut oder gar besser sind als die Reichen. Gott liebt die Armen, weil sie arm sind.

Um diese Liebe geht es.

Auferstehung
hat einen Namen

Als das Volk Israel im babylonischen Exil war (587–538 v. Chr.), kam es sich vor, als wäre es gestorben. Aus der Traum vom *Auserwählten Volk*, der Tempel in Schutt und Asche, das Land von fremden Truppen besetzt, der Thron Davids verwaist, die Geschichte Gottes mit den Menschen zu Ende. Aus auch der Traum vom liebenden Gott?

Da gab es jemand, der unbeirrt neu zu träumen anfing: der Prophet Ezechiel. Vom wunderschönen Traum, den er hatte, will ich nur zurückbehalten, was Gott zu ihm sprach:

Ich öffne eure Gräber und hole euch,
mein Volk, aus euren Gräbern herauf.
Ich bringe euch zurück ins Land Israel.
Wenn ich eure Gräber öffne und euch,
mein Volk, aus euren Gräbern herauf-
hole, dann werdet ihr erkennen,
dass ich Jahwe, der Ich-bin-da bin.
Ich hauche euch meinen Geist ein,
und ihr werdet lebendig ...
Ezechiel 37,12–14

Wie sollte man denn von Gott, dem Namenlosen anders reden als in Bildern und Gleichnissen und Träumen und Visionen? Da zerbrechen wir uns die Köpfe, was denn mit *Auferstehung* gemeint sei, und versuchen, es mit Fremdwörtern und technischen Ausdrücken besser zu sagen. Dabei sind das doch nur abstrakte Spekulationen.

Das Johannesevangelium erzählt von einer gelehrten Diskussion zwischen Jesus und Marta, der Schwester des verstorbenen Lazarus (11). Jesus sagt ihr: *Dein Bruder wird auferstehen.* Wie wollte er es denn anders sagen als mit diesem Bild vom Aufstehen, Auferstehen ...? Aber für Marta sind das die gleichen Spekulationen, die sie bei ihren Lehrern diskutiert hatte: *Ich weiß* – man beachte: sie *weiß* es; man hat es ihr offenbar beigebracht – *ich weiß, dass er auferstehen wird bei der Auferstehung am Jüngsten Tag.* Aber ganz offensichtlich ist ihr dieses »Wissen« kein Trost. Was sie »weiß«, ist langweilig; sie »weiß« es ja.

Für mich gibt es in der Bibel kein befreienderes Wort als das, was Jesus der Marta antwortet: *Ich bin die Auferstehung.* Es bringt alle meine Spekulationen und Fragen und Besserwisserei bezüglich meiner Zukunft, meines Sterbens und eines Lebens nach dem Tod zu einem glücklichen Schweigen. Die Auferstehung, meine Zukunft, ist nicht eine Theorie, nicht ein schwerverständlicher Glaubenssatz.

Meine Zukunft, mein Sterben, mein Leben nach dem Tod hat einen Namen. Das genügt mir.

Glaube als Beziehung

Kein Einzelgänger

In der hebräischen Bibel, die zu unserer jüdisch-christlichen Tradition gehört, steht das Wort »Gott« oft in der Mehrzahl.

In der Schöpfungsgeschichte zum Beispiel sagt Gott:

> Lasst uns den Menschen machen nach unserem Bild und Gleichnis.
> Genesis 1,26

Es ist wie wenn eine Gemeinschaft redete und wie wenn Gott die Menschen in diese Gemeinschaft hereinholen möchte.

Als Gottes Bild und Gleichnis sollen die Menschen auch seinen Auftrag wahrnehmen:

> Sie sollen herrschen über die Fische des Meeres und über die Vögel des Himmels und über alles Getier ...
> Genesis 1,26

Eben herrschen wie Gott und mit Gott: Er spendet Leben, er schafft Lebensraum für alle Lebewesen, er trägt Sorge zu allem. Ein mittelalterlicher Theologe sagte es so: »Gott will die Welt und uns brauchen, weil er Andere als Mit-Liebende haben will.«

Lesen wir in der Bibel weiter, stellen wir fest: Immer wieder sucht und findet Gott Menschen, die ihm helfen, die ihm zur Hand gehen. Er findet Abraham; er soll *zum Segen für die ganze Welt werden* (Genesis 12). Er findet

Mose; er soll sein Volk befreien. Gott stellt sich selbst ihm so vor: *Ich bin der Gott deiner Väter, der Gott Abrahams, Isaaks und Jakobs*. Und man könnte weiterfahren: der Gott der Sara und der Rebekka und der Hagar. Gott gibt sich den Namen von konkreten Menschen (Exodus 3). Denn der Gott der Bibel ist ein geselliger Gott, ja ein leidenschaftlich liebender Gott.

Bei der Taufe im Jordan hört Jesus eine Stimme aus dem Himmel: *Du bist mein geliebter Sohn, an dir habe ich Gefallen gefunden* (Markus 1,11). Man könnte auch so übersetzen: In dir sehe ich *den* Mit-Liebenden. Es ist eine Stimme der Freude und der Zärtlichkeit. Dazu passt ganz gut die Taube, in der damaligen Zeit die Liebesbotin. Und Jesus steht nicht allein da; er steht in Vertretung des ganzen Volkes, ja der ganzen Menschheit. Gott möchte unser Gott sein. Ein Gott auf Augenhöhe. Dein Gott und mein Gott.

Gottes Klage

Es wird erzählt:

Rabbi Baruchs Enkel, der Junge Jechiel, spielte einst mit einem anderen Jungen Verstecken. Er verbarg sich gut und wartete, dass ihn sein Gefährte suche. Als er lange gewartet hatte, kam er aus dem Versteck hervor; aber der andere war nirgends zu sehen. Nun merkte Jechiel, dass jener ihn von Anfang an nicht gesucht hatte. Darüber war Jechiel sehr traurig. Weinend kam er in die Stube seines Großvaters gelaufen und beklagte sich über den bösen Spielgenossen. Da flossen Rabbi Baruch die Augen über, und er sagte: So spricht auch Gott: »Ich verberge mich, aber niemand will mich suchen.«

Wir sind oft Spielverderber. Gerade in der Adventszeit stelle ich das immer wieder fest. Statt uns auf die Suche zu machen, rennen wir davon. Aufgeregt und angespannt durchblättern wir die Versandkataloge, durchstöbern wir die Kaufhäuser, vergleichen wir die Preise und geben Bestellungen auf. Gefesselt von unserer Hektik vergessen wir das »Spiel«, das, worum es eigentlich geht. Eine tiefe Trauer liegt über unserer Zeit, die Klage Gottes: »Keiner will mich suchen.«

Was es zu finden gäbe? Gewiss, mit Stereo-Anlagen, elektrischen Eisenbahnen, Pelzmänteln und Reisen in die Karibik kann es nicht konkurrieren. Ein Kind, in

Windeln gewickelt, in einem Futtertrog liegend, schwach, sprachlos, unbeachtet. Es gibt weltweit täglich Zehntausende, die schlimmer dran sind. Sie müssen sterben, weil wir das »Spiel« nicht mitmachen wollen. Wir haben Gescheiteres zu tun, als uns um Bagatellen zu kümmern.

Bagatellen? Zur Bagatelle ist ER in der Tat geworden, mehr noch: zum letzten Dreck. Ein Sklave, der den Sklaventod stirbt. Wie der Prophet Jesaja sagt:

> Kein Anblick, dass wir sein begehrten.
> Jesaja 53,2

Wiederzuerkennen in den Millionen Gefolterter und Hungernder.

Wir werden munter Adventslieder singen und Weihnachten und Ostern feiern; so können wir Gottes Klage geschickt übertönen: »Ich verberge mich, aber niemand will mich suchen.«

Corminboeuf

In der Nähe von Freiburg (Schweiz) befindet sich Corminboeuf, ein langgezogenes schmuckes Dorf. Auf einer kleinen Anhöhe steht ein schönes altes Kirchlein. Der wichtigste Blickfang im Innern ist neben dem großen Kruzifix eine Muttergottesstatue. Kunstgeschichtlich ist sie nicht leicht einzuordnen, aber das tut jetzt nichts zur Sache. Auf dem Knie der sitzenden Madonna steht aufrecht das Jesuskind. In seiner Hand hält es die Weltkugel. Solche Darstellungen gibt es zuhauf. Die Botschaft ist klar: In dem kleinen Kind ist Gott selbst Mensch geworden; in dem kleinen Kind begegnet uns der Schöpfer und Erhalter des Himmels und der Erde.

Die Statue im Kirchlein von Corminboeuf weist noch in eine andere Richtung: Die Welt mit all ihren Kriegen, mit all dem Hunger, mit all den Bedrohungen liegt in der Hand eines hilflosen Kindes. Wenn es die Weltkugel dem Betrachter, der Betrachterin entgegenstreckt, ist es, wie wenn es in seiner Schwachheit um Verständnis, wie wenn es in seiner Ohnmacht um Hilfe bitten würde.

»Normalerweise« rufen wir Gott um Hilfe an und erwarten, dass er eingreift, wenn etwas nicht so geht, wie wir es möchten, dass er uns vor dem Bösen bewahrt, dass er uns Kraft gibt, unseren Alltag zu bewältigen, dass er uns im Leid tröstet. Wir wenden uns Hilfe suchend an Gott eben so, wie Kinder ihren Vater und ihre Mutter um Hilfe angehen.

In Corminboeuf sind die Rollen wie vertauscht. Gott braucht nicht Kinder, die Hilfe schreiend, oft sogar nörgelnd und zwängelnd an seiner Schürze hängen und ihm dauernd im Wege stehen und dreinreden –

> euer Vater im Himmel weiß doch,
> was ihr nötig habt,
> bevor ihr ihn darum bittet!
> Matthäus 6,8

Was Gott in seiner Ohnmacht braucht, sind viel eher Freundinnen und Freunde, die zu ihm stehen, Mitarbeiterinnen und Mitarbeiter, die ihm zu Hilfe kommen, erwachsene Söhne und Töchter, auf die er sich verlassen kann – und die ihn auch trösten.

Der Schriftsteller Heinrich Böll soll zu Karfreitag einmal gesagt haben: »Jetzt ist es an der Zeit, Gott zu trösten.«

Zu oft vergessen wir, dass Gott die Welt mit ihren Kriegen, mit ihrem Hunger, mit ihren Bedrohungen nicht einfach »herrlich regieret«, wenn wir ihn nur darum bitten; er hat die Welt uns und unserer Verantwortung anvertraut.

Das Problem
mit der Gegenseitigkeit

Unser Zusammenleben, sei es privat, sei es gesellschaftlich, ist auf Gegenseitigkeit begründet, auf Bedingungen, die erfüllt werden müssen:

- Wenn du die Prüfung bestehst, bekommst du das Zeugnis.
- Ich habe die Arbeit nach Vorschrift erledigt, also habe ich Anrecht auf den entsprechenden Lohn.

Jeder Anstellungsvertrag, jeder Kaufvertrag, jeder Ehevertrag enthält ausdrücklich oder auch unausgesprochen solche Bedingungen, die erfüllt oder eben auch nicht erfüllt werden.

So geht es auch in unserem ganz privaten Leben zu und her:

- Ich bin bereit für uns jeden Tag zu kochen, sagt die Frau ihrem Ehemann, wenn du dein Zimmer in Ordnung hältst.
- Ich wasche ab, sagt der Mann seiner Gattin, wenn du mir das Hemd bügelst.
- Wenn du mir den Wagen ausleihst, gehe ich auf dem Weg zur Vorstandssitzung deine Mutter besuchen.

Unsere Beziehungen beruhen auf Gegenseitigkeit. Es geht um den guten Ausgleich. Wir wollen niemandem etwas schulden. Wir wollen miteinander quitt sein. Wie du mir, so ich dir. Das nennen wir »Gerechtigkeit«.

Nun habe ich den starken Verdacht, dass wir diese Art von Beziehung auch auf unser Verhältnis zu Gott übertragen:

- Ich verspreche dem heiligen Antonius 20 Franken, wenn ich den Kellerschlüssel wiederfinde.

- Wenn meine Frau das Kind, das sie erwartet, gesund zur Welt bringt, werden wir eine Messe lesen lassen.
- Wenn wir vom Unwetter verschont bleiben, werden wir an der Weggabelung ein Kreuz aufstellen.

Um noch ein bisschen mehr Druck aufzusetzen, erfülle ich die Bedingung schon zum Vornherein:

- Ich mache eine Wallfahrt nach Lourdes, damit ich geheilt werde.
- Ich gebe 100 Franken an die Caritas, damit der Deal mit dem Geschäftspartner gelingt.
- Ich bete einen Rosenkranz, damit die Tochter die Stelle bekommt.

Um es klar und deutlich zu sagen: Mit diesem »Spiel« will Gott nichts zu tun haben.

> ## Macht das Haus meines Vaters nicht zu einer Markthalle!
> Johannes 2,16

Er ist nicht bereit, bei diesem Markt mitzumachen und auf die Bedingungen, die wir stellen, einzugehen. Und er selbst stellt auch keine Bedingungen.

Der Grund ist ein sehr einfacher:

> ## Gott ist Liebe
> 1. Johannesbrief 4,8

und Liebe stellt keine Bedingungen.

So begeben wir uns in eine Welt, die von der unseren völlig verschieden ist. Es ist Gottes Welt.

Der Weinberg des Liebsten

Das so genannte Alte Testament – so sagt man – rede von einem Gott, der nachtragend sei, auf Rache sinne und die Menschen bestrafe. Das so genannte Neue Testament verkünde demgegenüber den liebenden Gott. Im Alten Testament – so sagt man – hätten die Leute nach *Aug um Aug, Zahn um Zahn* gelebt. Im Neuen Testament heiße es dafür:

> Du sollst deinen Nächsten
> lieben wie dich selbst.
> Markus 12,31

Zur Erinnerung: Das Gebot *Du sollst deinen Nächsten lieben wie dich selbst* steht genau so im Alten Testament (Levitikus 19,18). Das Neue Testament zitiert diesen Satz und fügt dem eigentlich nichts Neues hinzu (vgl. Lukas 10,27 u. a.).

Zur Zeit Jesu gab es jüdische Gelehrte, die all die alttestamentlichen Gebote und Verbote auch zusammenfassen konnten in dem einen Gebot der Gottes- und Nächstenliebe.

Dass Gott selbst Liebe ist (vgl. 1 Johannes 4,8), ist nicht eine neutestamentliche Erfindung. Im Lied, das der Prophet Jesaja seinem Liebsten (Gott) singt, vergleicht er die Liebe Gottes zu seinem Volk mit der Zärtlichkeit, mit der der Weinbauer den Weinberg umgräbt, die größeren Steine entfernt, gute Reben anpflanzt; wie er einen Turm baut, eine Kelter aushebt und wie er auf süße Trauben hofft. Und der Prophet beschreibt auch die enttäuschte Liebe, wenn dieser mit so viel Zärtlichkeit gehegte Weinberg nur ein paar saure Beeren hervorbringt (Jesaia 5,1–7).

Das Alte Testament war die Bibel des Jesus von Nazaret. Nicht zuletzt weil er in ihr immer wieder gelesen und mit ihr gelebt und gebetet hat, konnte er so überzeugend und leidenschaftlich von Gott wie von einem liebenden Vater oder einer zärtlichen Mutter oder einem sich aufopfernden Winzer reden.

Suchen wir am falschen Ort?

Lukas berichtet in seinem Evangelium, dass am Ostermorgen Frauen zum Grabe kamen, den Leichnam Jesu aber nicht fanden. Fast vorwurfsvoll fragten zwei Gestalten in strahlendem Gewand die Frauen:

> **Was sucht ihr den Lebendigen bei den Toten?**
> Lukas 24,1–11

Die Frauen hielten nach einem Leichnam Ausschau und rechneten nicht damit, dass nicht mehr der Tod, sondern das Leben das letzte Wort hat.

Der gleiche Evangelist Lukas berichtet in der Apostelgeschichte von der Entrückung Jesu in den Himmel. Während die Jünger unverwandt zum Himmel hinaufschauten, standen bei ihnen wieder zwei Gestalten in strahlendem Gewand, und wiederum fragten sie fast vorwurfsvoll:

> **Ihr Leute da, was steht ihr hier herum und starrt zum Himmel hinauf?**
> Apostelgeschichte 1,1–11

Ganz offensichtlich suchten die Jünger ihren Meister im Himmel und rechneten nicht damit, dass das neue Leben für sie bereits hier auf Erden begonnen hat.

Dazu passt eine andere Notiz, die wir ebenfalls bei Lukas finden:

Als Jesus von den Pharisäern gefragt wurde, wann das Reich Gottes komme, antwortete er: Das Reich Gottes kommt nicht so, dass man es an äußeren Zeichen erkennen könnte. Man kann auch nicht sagen: Seht, hier ist es!, oder: Dort ist es! Denn:

> Das Reich Gottes ist mitten unter euch.
> Lukas 17,20–21

Die Bibel lässt uns die Frage nach dem Wo und Wann ganz neu und anders stellen und weist uns dabei in das Leben hier und jetzt ein.

Die Letzte Instanz

Das Gleichnis vom »Letzten Gericht« erinnert uns daran, dass wir alle einmal vor der Letzten Instanz zu erscheinen haben. In der Einleitung des Gleichnisses wird diese Letzte Instanz *Menschensohn* und *König* genannt. Mit König verbindet unsere Fantasie Thron, Glanz und Majestät. Was uns allerdings im Verlauf der königlichen Rede entgegentritt, sind ganz andere Majestäten, als wir sie uns vorstellen: Scharen von Hungernden, Fremden, Gefangenen, Asylanten, Zerlumpten.

»Nicht euch haben wir gemeint«, so protestieren wir, »wir wollen vor Seine Majestät gebracht werden; nur den König akzeptieren wir als Letzte Instanz!« Und die Stimme Seiner Majestät wird antworten: »Es gibt keine andere Instanz, keine andere Majestät neben oder hinter diesen Hungernden, Fremden, Gefangenen, Asylanten, Zerlumpten; denn:

was ihr ihnen getan habt,
das habt ihr mir getan,
und was ihr ihnen nicht getan habt,
das habt ihr mir nicht getan.«
Matthäus 25,31–46

An die Letzte Instanz möchten wir aber einmal auch aus eigenem Antrieb gelangen, und wir werden uns weder von Hungernden noch von Fremden abwimmeln lassen. Diesmal soll sich Gott um seine Rolle als Letzte Instanz nicht mehr drücken können. Unsere Vorwürfe werden laut und deutlich sein: »Wo warst du denn in Auschwitz und in Nagasaki? Wo warst du, als der Tsunami vielen tausend unschuldigen Menschen das Leben nahm? Wo warst du bei den unzähligen Erdbeben und Überschwemmungen und Hungersnöten? Du bist doch ›der Allmächtige‹, sagt man. Wo warst du denn da?«

Und wieder wird uns eine ganz andere Majestät begegnen: ein Zerschundener. Als einziges Zeichen seiner Macht trägt er eine Dornenkrone, weil er nicht allmächtig, sondern solidarisch sein will mit all den Zerschundenen, Gefolterten, Hungernden, Fremden, Flüchtlingen. Vielleicht blickt er uns nur schweigend an. Vielleicht hören wir ihn nur leise sagen: »Und du? Wo bist denn du?«

Nur einen Augen-Blick

Im Bus beobachtete ich ein junges Paar, das eine Sitzreihe schräg vor mir einander gegenübersaß. Von meinem Platz aus konnte ich nur das Gesicht der Frau sehen, den ihr gegenüber sitzenden Mann sah ich nur seitlich von hinten.

Ich hörte nicht, was sie miteinander sprachen. Ich hatte den Eindruck, sie wolle ihm etwas erklären oder ihn etwas fragen, vielleicht ihn zur Rede stellen. Er war sehr wortkarg und blickte sie kaum an, weder während sie noch während er selbst sprach. Sie hingegen suchte immer wieder seine Augen. Sie war daran interessiert, dass er sie verstand. Seine Augen waren gesenkt oder suchten das Weite. Etwas bedrückte ihn. Vielleicht hatte er ein schlechtes Gewissen und er konnte oder wollte sich nicht erklären. Vielleicht wollte er, dass sie ihn in Ruhe lässt. Schließlich ließ sie ihn in Ruhe und schwieg. Aber ihre suchenden Augen verrieten mir, dass sie ihn verstehen möchte, ja dass sie ihm verzeihen würde, wenn es etwas zu verzeihen gäbe. Aber um ihm das zu verstehen zu geben, hätte er ihren Blick erwidern müssen. Hilflos blickte er umher, aber nie in ihre Augen.

Gerne hätte ich die Szene weiterverfolgt, aber für mich war es Zeit, den Bus zu verlassen. Das Bild von den suchenden traurigen Augen hat sich tief in mir eingeprägt.

Es war mir, als ob mir dieses Bild etwas über Gott sagen möchte. Er hält Ausschau nach den Menschen, nach mir. Ich weiche dem Blick aus, weil er mich beunruhigt, weil ich ein schlechtes Gewissen habe; ich will und kann mich nicht zu verstehen geben. Es wäre mir lieber, er würde mich in Ruhe lassen, er wäre gar nicht da.

Aber er sucht nur traurig meine Augen, weil er mich verstehen möchte, weil er mir verzeihen möchte. Auch wenn er aufgegeben hat, mit mir zu sprechen – weil ich ihn mit meinem umherschweifenden Blick abweise und mich nicht finden lasse –, lässt er keinen Augenblick davon ab, mich zu suchen, sich mir zu verstehen zu geben, mir zu zeigen, dass er mir verzeiht, was immer auch geschehen ist.

Kann man Gott lieben?

Mit dem Wort »lieben« tun wir es uns schwer, ganz besonders wenn wir jemandem gegenüber unsere Zuneigung bekunden wollen. Es klingt zu intim, zu gefühlvoll, zu romantisch. Stattdessen schlug ich einmal eine Variante vor, die weniger verfänglich, dafür aber realistischer ist: »Ti voglio bene.« Man kann das umschreiben mit »ich will dir gut«, »ich möchte, dass es dir gut geht«, »du sollst du sein können«, »ich möchte zu dir stehen, was immer auch geschehen mag«. Im Unterschied zu dem eher verschwommenen und undefinierbaren »ich liebe dich« drückt das »ti voglio bene« etwas Konkretes, Handfestes und Dauerndes aus, etwas auch, das man lernen kann.

Die Frage, die sich mir heute stellt, ist die, ob wir diese Redeweise auch auf unsere Zwiesprache mit Gott übertragen können. Ich zweifle keinen Augenblick daran, dass mir Gott gut will, wenn ich auch selbst herausfinden muss, was das konkret bedeutet: dass er mich nicht im Stich lässt, wenn ich in einer misslichen Lage bin; dass er an mir festhält, auch wenn ich jemandem wehgetan habe; dass er mir beisteht, wenn mich Angst befällt; dass er bei mir ist, wenn ich einem Fremden aus der Patsche helfe; dass er mich tröstet, wenn ich verletzt oder beleidigt bin. »Ti voglio bene« – ist das nicht eigentlich sein Name, wie er ihn dem Mose am brennenden Dornbusch kundgetan hat:

> Ich bin der Ich-bin-da, der, der mit dir geht, der dich nicht im Stich lässt!
>
> vgl. Exodus 3,14

Hören wir mal in die Stille hinein, und wir werden seine Stimme vernehmen: »Ich bin für dich da. Ich lasse dich nicht. Ich bin mit dir. Ti voglio bene.«

Geht es nicht auch umgekehrt? Wir haben Mühe, Gott zu sagen, dass wir ihn lieben, weil das so phrasenhaft, so unverbindlich und darum auch so nichtssagend klingt; »lieben« kann ja alles Mögliche – oder auch nichts – bedeuten. Wenn ich Gott sage »ich will dir gut«, dann biete ich ihm meine Hilfe an, damit sein Werk gelingt. Dabei denke ich an seine Schöpfung, an unsere Mitwelt. Vor allem kommen dann all die Menschen in den Blick, die zu Gottes Leidwesen zu kurz kommen, die von uns zurückgewiesen werden und Hunger leiden, die aber ihm besonders am Herzen liegen. Der ganzen Welt und ihren Menschen will Gott gut sein – durch unsere Mithilfe. Wie denn sonst?

Wenn wir Gott sagen »ti voglio bene« schwingen wir uns ein in sein eigenes Gutsein und Erbarmen, wie wir es selbst in unserem Leben immer wieder erfahren.

Gott ist größer

Es besteht kein Zweifel: Dogmen sind von unschätzbarem Wert. Zu bestimmten Zeiten waren sie für den Fortbestand der Kirche geradezu notwendig. Sie geben uns heute noch Einblick in das Ringen unserer Glaubensväter und Glaubensmütter um die richtige sprachliche und auch symbolische Ausgestaltung dessen, was ihnen und uns das Kostbarste war und ist: der Glaube.

Wir müssen uns aber vor Missverständnissen hüten:

Auch noch so schön und richtig formulierte Dogmen werden das, was Gott den Menschen sein und sagen möchte, nie in aller Fülle zum Ausdruck bringen können. Menschliche Sprache und menschliche Symbole werden hinter dem, was eigentlich gemeint ist, immer unendlich weit zurückbleiben.

1. Die Dogmen, das heißt die sprachliche Ausgestaltung unseres Glaubens, sollten nicht mit dem Glauben selbst verwechselt werden. Glaube hat etwas mit persönlicher Beziehung zu tun, mit festem Vertrauen und liebender Hingabe. Dogmen wollen uns helfen, diese Beziehung besser zu verstehen, das Vertrauen zu festigen und die Hingabe intensiver zu leben. Die Dogmen selber und das »Haben« dieser Dogmen ersetzen weder den Glauben noch das Vertrauen noch die Liebe.

2. So können die Dogmen auch Gott nicht ersetzen. Genau genommen glauben Christinnen und Christen nicht an Dogmen; sie glauben an den Gott Abrahams, Isaaks und Jakobs ..., an den Messias Jesus, an den

Heiligen Geist ... Gott wird – so hoffen wir – immer größer sein als unsere Dogmen, auch immer größer als unser Verstehen und größer als unser Herz. Wer Gott in Dogmen zwängen will, stellt die Dinge auf den Kopf: statt dass er sich vertrauensvoll Gott anheim gibt, versucht er, Gott unter Kontrolle zu bringen und über ihn zu verfügen.

3. Und ein Letztes. Wer um das Geschenk des Glaubens weiß, wird sich hüten, über den Glauben anderer zu urteilen. Prüfstein des Glaubens sind nicht die Dogmen, so wichtig sie auch sind; Prüfstein des Glaubens wird immer die Liebe sein, die Treue, die Nachsicht, die Verantwortung, die Versöhnung.

Gott als Sklave

In jüdischen Bibelkommentaren wird zur Bestätigung der Erklärung, die der Verfasser zu einem Vers abgibt, jeweils eine andere Stelle aus der Bibel zitiert.

In einem dieser Kommentare wird Gott mit einem Menschen verglichen, der sich einen Sklaven kauft. So erwarb sich Gott das Volk Israel:

> **denn mir gehören die Kinder Israels als Sklaven.**
> Levitikus 25,55

Aber statt dass sie für Gott Sklavendienste verrichten, tut es Gott für sie. Das wird an mehreren Beispielen aufgezeigt:

- Bei den Menschen ist es so, dass der Sklave seinem Herrn die Füße wäscht; aber bei Gott verhält es sich nicht so; im Buch Ezechiel (16,9) sagt Gott zu seinem Volk: *Und ich habe dich mit Wasser gewaschen.*

- Bei den Menschen ist es so, dass der Sklave seinen Herrn ankleidet; aber bei Gott verhält es sich ganz anders; im Buch Ezechiel (16,10) sagt Gott zu seinem Volk: *Und ich habe dich mit buntgewirktem Stoff bekleidet.*

- Bei den Menschen ist es so, dass der Sklave seinem Herrn die Schuhe anzieht; aber bei Gott verhält es sich nicht so; im Buch Ezechiel (16,10) sagt nämlich Gott zu seinem Volk: *Und ich habe dir Schuhe aus weichem Leder angezogen.*

- Bei den Menschen ist es so, dass der Sklave seinen Herrn trägt; aber bei Gott verhält es sich gerade umgekehrt; im Buch Exodus (19,4) sagt nämlich Gott zu seinem Volk: *Und ich habe euch auf Adlerflügeln getragen.*

- Bei den Menschen ist es so, dass der Herr schläft und der Sklave bei ihm wacht; aber bei Gott verhält es sich anders herum; Psalm 121,4 sagt nämlich: *Nicht schlummert noch schläft der Wächter Israels.*

Sollten wir unser Verhältnis zu Gott nicht einmal neu überdenken?

Durststrecken

Wenn ein Mensch, um ein Ziel zu erreichen, eine längere Zeit durch ein Gebiet gehen muss, das kein Wasser führt, nennt man das eine Durststrecke. Im übertragenen Sinn ist damit eine Zeitspanne voller Entbehrungen und Einschränkungen gemeint, eine zeitweilige Bedrängnis, die es zu überstehen gilt, eine Zeit, in der man wenig verdient, ja kaum sein Auskommen hat, eine Zeit, deren Ende man dringend erwartet.

Durststrecken gibt es auch in Beziehungen zwischen Menschen, so wenn zwei Liebende – wie und aus was für Gründen auch immer – voneinander getrennt sind und nichts sehnlicher erwarten als einander wiederzufinden.

Von Durststrecken sprechen auch Mystiker. Das sind Menschen, die unbeschreiblich tiefe Erfahrungen mit Gott machen und immer wieder Momente des Einsseins mit Gott erfahren dürfen. Die Mystikerin Mechthild von Magdeburg (13. Jahrhundert) sagte einmal, dass sie die Zeiten zwischen diesen Momenten des *Tanzes,* in dem *das fließende Licht der Gottheit* sie durchdringt, als *Wüste der Gottabwesenheit* empfinde, als *dunkle Nacht,* ja als *Todesschattenschlucht.* Diese Finsternis erleiden und die Gottesferne aushalten, das sind die langen Durststrecken der Mystiker.

Nun, wir brauchen von Mystik nichts zu verstehen. Vielleicht haben wir eine leise Ahnung von Momenten inniger Zweisamkeit mit Gott, vielleicht auch eine leise Ahnung von Durststrecken, wenn wir von der Nähe Gottes höchst selten oder kaum je etwas spüren, ja nicht einmal recht ersehnen.

Nur: Warum spricht man in unserer Beziehung zu Gott nur von den Durststrecken der Menschen und nicht auch von den Durststrecken Gottes?

Gott verzeihen?

Neulich las ich irgendwo diesen überraschenden Satz:

> Stilvoll leben heißt, verzeihen können:
> den Mitmenschen,
> sich selber,
> Gott.

Klingt beim ersten Hören gut. Und doch ...

Beim Wort »verzeihen« denken wir daran, wie sehr wir selber Verzeihung nötig haben und Gott und einander immer wieder um Verzeihung bitten müssen. Von Gott wissen wir, dass er sich in der Bibel wiederholt vorstellt als der große Verzeihende:

> gnädig, barmherzig, langmütig,
> voll Huld und Treue
> vgl. Exodus 34,6–7 u. ö.

Jesus stellt seinen Jüngerinnen und Jüngern diesen Gott als Vorbild hin:

> Seid barmherzig,
> wie es auch euer Vater ist!
> Lukas 6,36

Damit gibt er auch das Maß der Barmherzigkeit an, mit der wir einander begegnen sollen.

Nach dem oben zitierten überraschenden Satz gehört zum stilvollen Leben auch die Kunst, sich selbst zu verzeihen. Ob das unter Umständen nicht noch schwieriger ist? Es geht dabei nicht um Bagatellen, durch die wir uns vor anderen blamierten, und auch nicht darum, dass wir enttäuscht sind, wenn wir den Erwartungen, die wir uns selbst gegenüber haben, nicht gerecht werden. Entscheidend ist, dass wir zu den eigenen Fehlern und zum eigenen sündhaften Ich stehen. Es geht um ein echtes Barmherzigsein uns selbst gegenüber: dass wir uns so annehmen, wie wir sind, und dass wir uns selbst die Chance einräumen, von Neuem zu beginnen. Dass wir mit uns so umgehen, wie Gott mit uns umgeht: *gnädig, barmherzig, langmütig, voll Huld und Treue.*

Aber ist es möglich oder sinnvoll oder überhaupt denkbar, dass wir Gott verzeihen? Es ist doch so, dass wir oft und oft, zu Recht oder zu Unrecht, ausgesprochen oder unausgesprochen für die ganze Misere in der Welt Gott verantwortlich machen und ihn als den Schuldigen hinstellen. Für die Erdbeben, die Hungersnöte, das schreckliche Leiden so vieler Menschen muss doch jemand die Verantwortung übernehmen. Und wer sollte es denn sein, wenn nicht Gott? Menschen sind zu so viel Ungerechtigkeit und so viel Zerstörung gar nicht fähig – so meinen wir.

Vielleicht sind diese Gedanken völlig abwegig, wie so vieles abwegig ist, was wir über Gott denken. Aber spielen wir doch mal diesen Gedanken durch: Gott verzeihen. Hieße das dann nicht, dass wir ihn trotz all seiner »Fehler« und »Schwächen« so annehmen, wie er ist; dass wir ihm die Chance einräumen, immer wieder von Neuem zu beginnen; dass wir mit ihm so umgehen, wie er mit uns umgeht: *gnädig, barmherzig, langmütig, voll Huld und Treue?*

Gott als Freiheit und Beziehung

Gott ist *im Himmel* – so heißt es im Vaterunser. Das meint vor allen Dingen, dass Menschen über ihn nicht verfügen können und auch nicht verfügen wollen. Sie wollen Gott Gott sein lassen. Sie wollen dem, der seinen Namen nicht preisgibt, sondern von sich sagt:

> ## Ich bin der Ich-bin-da.
> Exodus 3,14

das Geheimnis nicht entreißen. Sie wollen ihm die Freiheit lassen, so zu sein, wie er ist, und so *mit-zu-sein*, wie er es für gut und richtig findet. Menschen fahren besser, wenn sie Gott so sein lassen, wie er ist und ihm nicht immer Vorschriften machen, wie er zu sein habe. Aus der Lektüre der Heiligen Schriften wird immer wieder deutlich: Gott ist sehr auf seine Freiheit bedacht; denn jede Einschränkung seiner Freiheit geht auf Kosten des erfüllten Lebens der Menschen.

Gott ist auch auf die Freiheit der Menschen bedacht, weil ihm an der Beziehung zu den Menschen alles liegt. Beziehung, Liebe kann es ja nur geben, wo Freiheit ist. In diesem Sinn sind auch die Weisungen zu verstehen, die Gott den Menschen gegeben hat: sie sind Garantinnen für ein freies und gelungenes Leben.

Dadurch, dass Menschen zu Gott Vater *unser* oder auch Mutter *unser* sagen, werden sie über alle Grenzen und Schranken hinweg zu einer einzigen und einzigartigen Familie zusammengeführt – und Familie besteht ja aus

Beziehungen. Menschen, die zu Gott Vater *unser* oder auch Mutter *unser* sagen, sind im Innersten und im Tiefsten geschwisterlich. In ihnen lebt die Kraft der Freiheit und der Solidarität mit allen Menschen – und auch mit Gott.

In der Nachfolge

Der Ölkrug
wird nicht versiegen

Es waren Hungerleider, die Witwe und ihr Sohn, nach der lange dauernden Dürrezeit. Als der Prophet Elija, von Gott geschickt, zu ihnen kam, waren sie dabei, Holz aufzulesen. Elija bat die Witwe, ihm einen Becher Wasser zu holen. Als sie sich anschickte, seinem Anliegen nachzukommen, rief der Prophet ihr nach:

»Bring mir auch noch einen Bissen Brot.«

»Das geht nicht«, sagte die Frau. »Das bisschen Öl im Krug und die Handvoll Mehl im Topf reichen kaum für meinen Sohn und mich. Mit dem Holz, das wir sammeln, wollen wir heimgehen und uns etwas zubereiten. Das wollen wir essen und dann sterben.«

»Das kannst du ruhig tun«, erwiderte der Prophet. »Nur bring mir zuerst einen Bissen Brot. Dann kannst du für dich und deinen Sohn etwas zubereiten. Denn das sagt der Ewige:

> Der Mehltopf wird nicht leer werden
> und der Ölkrug wird nicht versiegen …
> nach 1 Könige 17,8–16

Die Frau tat, was Elija ihr geboten hatte. So hatte sie und ihr Sohn noch viele Tage zu essen.

Und die »Lehr von der Geschicht«?

Wenn du nicht nur überleben, sondern wirklich leben und von deinem Leben auch etwas haben willst, dann tun es die paar überflüssigen Münzen, die du ab und zu in den Klingelbeutel wirfst, nicht. Schau dich nach deinen Ressourcen um, die dir anvertraut sind, und bring dich selbst ins Spiel. Du hast und bist mehr, als du meinst. Du kannst selbst Brot werden für das Leben der Welt. *Viele Tage.* Der Ewige hat es gesagt.

Auf die Fremden hören

König David meinte es sicher gut, als er dem Propheten Natan von seinem Plan sprach, dem Ewigen doch auch ein Haus zu bauen, so wie er, der König, sich eines aus Zedernholz gebaut hat. Was für den König recht ist, soll für Gott nur billig sein (vgl. 2 Samuel 7,1–3).

Natan, der dieses Ansinnen Gott vorlegte, kam mit negativem Bescheid zu David zurück. Durch all die Jahre hindurch ist Gott in einem Zelt wohnend mit seinem Volk gegangen und nie hat er den Wunsch geäußert, in einem Haus zu wohnen. Gott lässt sich nicht einschließen. Er möchte mit seinem Volk sein, wohin immer es geht. Dazu genügt ein Zelt, wie auch die Menschen in Zelten wohnen. Ein Palast würde ihn nur blockieren (vgl. 2 Samuel 7,4–7).

Jahre später setzte König Salomo Davids Absicht doch durch: Er baute Gott einen Tempel. Das Buch 1 Könige 8 berichtet nicht nur von der Ansprache Salomos an die Gemeinde anlässlich der Tempelweihe, sondern zitiert auch des Königs ganz persönliches Gebet und seine Gebete für das Volk. Salomos Bitte geht aber noch darüber hinaus, wenn er zu Gott betet:

> Auch Fremde, die nicht zu deinem
> Volk Israel gehören, werden wegen
> deines Namens aus fernen Ländern
> kommen … und in diesem Haus beten.
> Höre sie dann im Himmel, dem Ort,
> wo du wohnst, und tu alles, weswegen
> der Fremde zu dir ruft. Dann werden
> alle Völker der Erde deinen Namen
> erkennen …
>
> 1 Könige 8,41–43

Fast hat man den Eindruck, Salomo wolle das Ansinnen Davids in korrigierter Fassung vorlegen: Gott soll in einem Haus, in einem richtigen Tempel wohnen, aber ihn offen halten auch für die Fremden; auch die sollen dort bei ihm Gehör finden.

Der christlichen Gemeinde in Korinth ruft der Apostel Paulus zu:

> Wisst ihr nicht,
> dass ihr Gottes Tempel seid …?
>
> 1 Korinther 3,16

Offensichtlich haben wir Christinnen und Christen das vergessen, sonst hätten wir ein besseres Gehör für die Fremdlinge in unserer Mitte und für die Menschen, die von anderen Ländern kommen.

Ein neues Bürgerrecht

In den Fünfzigerjahren des ersten Jahrhunderts gründete Paulus in der römischen Militärkolonie Philippi, einer Stadt in Griechenland, eine christliche Gemeinde.

Wenig später musste er feststellen, dass es dort nicht anders zu- und herging als in jeder x-beliebigen Stadt. Die Mechanismen, die das Zusammenleben beherrschten, waren die gleichen: das Gerangel um Posten und Pöstchen, um Ämter und Ämtchen ging Hand in Hand mit Vetternwirtschaft, Rücksichtslosigkeit, Ehrgeiz, Neid und Argwohn.

So funktionierte damals das römische Bürgerrecht. Es war voll und ganz dem Kaiser verpflichtet. Es war ein Bürgerrecht, das Karriere, Vorwärtskommen, Ansehen und vor allem den Profit in den Mittelpunkt stellte. Es war das Bürgerrecht der Privilegierten und der Nutznießer.

Paulus musste die Christinnen und Christen in Philippi an ihr eigenes, neues Bürgerrecht erinnern:

> … unser Bürgerrecht in den Himmeln; von dort erwarten wir unseren Befreier.
> Philipper 3,20

Das ist weder phantastisch noch naiv noch ein Bürgerrecht nur für die Zukunft oder fürs Jenseits.

Das Bürgerrecht des *Reiches Gottes,* wie man auch sagen könnte, ermächtigt jetzt schon zu einem furchtlosen Eintreten für die Würde aller Menschen, besonders derjenigen, die am ehesten in Vergessenheit geraten und vernachlässigt werden: die Untüchtigen, die Zurückgebliebenen, die Verschuldeten.

Das griechische Wort für *Bürgerrecht* heißt übrigens *politeuma*. Das hat durchaus etwas mit Politik zu tun.

Krieg ist Sünde

Am 23. August 1990 hat die Welt seit Jahrzehnten wieder einmal zur Einheit gefunden: Einmütig, mit nur zwei Enthaltungen, hat der UNO-Sicherheitsrat eine Entschließung verabschiedet, nach der für die Durchsetzung der Blockade gegen den Irak auch Gewalt angewendet werden dürfe. Schon Wochen zuvor haben die USA, dann auch Großbritannien, Frankreich und andere Staaten bedeutende Kontingente im Umkreis Iraks zusammengezogen: Kriegsschiffe, Flugzeugträger, atombestückte Raketen, Zehntausende von Soldaten ... Die »freie« Welt – auch die »christliche« – klatschte in die Hände.

An Radio und Fernsehen haben wir das alles verfolgt, und wir waren froh zu hören, dass keines der Mitglieder des UNO-Sicherheitsrates dem amerikanischen Vorschlag einen Strich durch die Rechnung machte. Der Staat, der sich gegen eine gewaltsame Blockade zur Wehr gesetzt hätte, wäre mindestens als »unsolidarisch«, wenn nicht gar als »hinterhältig«, hingestellt worden. – Dabei haben wir vergessen, dass wir mit der Zustimmung zur gewaltsamen Blockade wenigstens indirekt auch tausendfachem Töten zugestimmt haben.

Ich bin weder Diplomat noch Militärwissenschaftler noch Friedensexperte. Und vielleicht ist es wirklich so, dass dem zweifellos »verrückten« Treiben des irakischen Präsidenten nur mit Waffengewalt Einhalt geboten werden konnte. Für uns Christen und Christinnen darf das aber nicht der Weisheit letzter Schluss sein. Was immer Wirtschaftsexperten, Politiker und Strategen als »unumgänglich« und »einzig möglich« und »alternativlos« hinstellen: Christinnen und Christen werden sich ihre Vision der Gewaltlosigkeit und des weltumfassenden Friedens unter keinen Umständen nehmen lassen. Ihr Glauben und ihr Hoffen bezieht sich ganz wesentlich auch auf dieses Unaufgebbare: Im Reich Gottes, das im Messias Jesus bereits angebrochen ist und das in unserem Alltag immer mehr Fuß fassen soll und um dessen endgültiges Kommen wir jeden Tag im Vaterunser beten ..., in diesem Reich darf Gewaltausübung nie ein Mittel politischer Konfliktlösung sein. Jede Gewaltanwendung ist Scheitern an unserer Hoffnung.

Die christliche Tradition nennt das Sünde.

Selbstverleugnung?

Jesus rief die Volksmenge und seine Jünger und Jüngerinnen zu sich und sagte: Wer mir nachfolgen will, verleugne sich selbst, nehme sein Kreuz auf sich und folge mir nach. Denn wer sein Leben retten will, wird es verlieren; wer aber sein Leben um meinetwillen und um des Evangeliums willen verliert, wird es retten. Denn was nützt es dem Menschen, die ganze Welt zu gewinnen, dafür aber sein Leben einzubüßen?

Markus 8,34–35

Sich selbst verleugnen? Blicken wir auf Jesus, ging es ihm doch darum, Menschen zu befreien, sie zu sich selbst zu bringen, ihnen ihren Namen und ihre Geschichte zurückzugeben. Das Selbst, das diejenigen, die Jesus nachfolgen, verleugnen sollen, ist jenes Selbst, das im Grunde sich selbst entfremdet und darum unfrei, ja besessen ist. Da sind meist die eigenen ehrgeizigen Pläne und Ambitionen im Spiel oder auch das Karrieredenken auf dem Rücken anderer oder auch der Besitz, der auf Kosten der Armen angehäuft wird. Von diesem falschen Selbst sollen sich diejenigen, die Jesus nachfolgen, verabschieden. Dann werden sie wahrhaft frei.

Auch das tägliche *Kreuztragen* sollte keinen selbstquälerischen Beigeschmack haben. Zum besseren Verständnis sollten wir Kreuztragen und Nachfolge miteinander verbinden. Jesus nachfolgen bedeutet, das Anliegen Jesu teilen, sein Anliegen zum eigenen machen. Menschen wie Jesus, Menschen, die so leben wie er, *Gerechte,* wie man sie auch nennt, werden ihre Umgebung immer verunsichern und herausfordern, sei es religiös oder gesellschaftlich oder politisch – was dann eben entsprechende Folgen nach sich ziehen kann. Der Psalmist bringt es auf den Punkt:

> Der Gerechte muss viel leiden …

Aber er fügt gleich hinzu:

> doch allem wird der Ewige ihn entreißen.
> Psalm 34,20

Die sehr hart klingenden Forderungen Jesu sind im Grunde genommen Einladungen zu größerer Freiheit, zu jener Freiheit, wie Jesus sie gelebt hat.

Ein Plädoyer
für das Genießen

Ältere unter uns mögen sich vielleicht erinnern, dass in unserem Religions- und Ethikunterricht der Verzicht eine große Rolle spielte und dass alles, was mit Lust und Genuss zu tun hatte, verdächtig war. Mit dem »Willen Gottes« wurden eher Kreuz und Leid in Zusammenhang gebracht als Fest und Tanz.

Im Unterschied dazu kann man im Judentum eine auffallend große Lebensbejahung und Kreativität feststellen. Woher das kommt, ist schwer zu sagen. Vielleicht hat sich das jüdische Volk trotz oder gerade wegen seiner Leidensgeschichte ein feineres Gespür und eine größere Dankbarkeit für die kleinen Freuden und Belustigungen des Lebens bewahrt. Tatsächlich fanden und finden in den Diskussionen der jüdischen Gelehrten Prüderie und Lustfeindlichkeit kaum Platz; dagegen spielte das Vergnügen eine umso größere Rolle. Kurz nach der Zeitenwende taten berühmte und sehr ernste jüdische Gelehrte diesen Ausspruch: *Wenn die alte Welt zur Neige geht und Gottes neue Welt anbricht, muss der Mensch Rechenschaft ablegen über alles, woran sein Auge Gefallen fand und was er dennoch nicht genoss.*

Gewiss haben die Gelehrten damals nicht nur an das Auge gedacht. Gefallen finden wir doch auch an einem schönen Musikstück, an einem guten Essen, am Duft des Waldes, an einem erheiternden Witz, an der Unbeschwertheit der Kinder, am Übermut der Jugendlichen ... Wir haben einmal Rechenschaft abzulegen über alles Schöne und Vergnügliche, das wir nicht genossen.

Es ist ja nicht so, dass Jesus nur Selbstverleugnung und Verzicht gepredigt hätte. Wie oft hat er doch mit verschiedenen Leuten gegessen und getrunken (vgl. Markus 2,15-17 u.ö.). Kindern legte er die Hände auf und umarmte sie (vgl. Markus 10,16). Sein Hinweis auf die *Vögel des Himmels* und auf die *Lilien des Feldes* (Matthäus 6,25–34) und die vielen Gleichnisse, die von den Wundern der Natur inspiriert sind, machen es deutlich: Jesus hat das alles nicht nur gesehen, er hat es auch genossen und gekostet. Und zu seinem Gedächtnis sollen diejenigen, die ihm vertrauen, zum Mahl zusammenkommen, an dem gegessen und getrunken wird, an dem man sich freuen kann. Glauben bedeutet doch auch, sich von der Lebensfreude Jesu anstecken zu lassen.

»... wie Lämmer mitten unter die Wölfe«

Die Botschaft und die Praxis Jesu stießen ausgerechnet bei den Frommen und Mächtigen auf harten Widerstand. Sie konnten nicht hinnehmen, dass Jesus am Sabbat einen arbeitslosen Mann in die Mitte des Gottesdienstes stellte. Sie konnten nicht hinnehmen, dass er sich von Sündern und Gaunern und Prostituierten zum Essen einladen ließ. Sie konnten nicht hinnehmen, dass er die Ehebrecherin nicht der Steinigung preisgab. Sie konnten nicht hinnehmen, dass Barmherzigkeit wichtiger sein soll als Opfer ... Liebe, so sagten sie, ist schon recht, aber sie darf nicht gegen unsere Ordnung verstoßen; es darf nicht eine Liebe sein, die all unsere Vorstellungen von Gut und Böse, von rein und unrein, von wichtig und unwichtig, von oben und unten über Bord wirft.

Aber genau so wird es mit dem Reich Gottes sein, das Jesus verkündet und praktiziert. Da gibt es eben kein oben und unten mehr, da gibt es nicht wichtigere und weniger wichtige Leute, da gibt es nicht mehr solche, die dazugehören, und solche, die ausgeschlossen sind. Im Reich Gottes hat eben auch der letzte Mensch seine Würde, da hat auch die Sünderin eine Chance.

Eine solche Verkündigung stößt unweigerlich auf Widerstand. Es erstaunt nicht, dass Jesus den Seinen das Wort mit auf den Weg gab:

> Ich sende euch wie Lämmer mitten unter die Wölfe.
> Lukas 10,3

Vertraut auf die Saat!

Ein Sämann streut Samen auf die Erde.
Dann geht er schlafen und steht wieder
auf. Nacht und Tag und Tag und
Nacht. Der Same geht auf und wächst
empor, ohne dass der Sämann davon
weiß. Von selbst bringt die Erde
Frucht, erst den Halm, dann die Ähre
und dann das volle Korn in der Ähre.
Sobald aber die Frucht es zulässt,
legt er alsbald die Sichel an, denn die
Ernte ist da.

So ist es mit dem Reich Gottes.

Markus 4,26–29

Es gibt Leute, die es anders machen. Kaum haben sie
ausgesät, setzen sie sich ungeduldig an den Rand des
Beetes und zupfen an jedem Halm, der herauskommt,
und an jedem Blatt, das sich leise zeigt.

Diesen Leuten möchte ich zurufen: Geht lieber schlafen!
Denn erstens ist die Saat gesät, zweitens wird die Saat
ohne euch viel besser aufgehen, und drittens liegt die
gute Ernte nicht in eurer Hand.

Wer meint, das Reich Gottes selbst in Gang bringen zu
müssen, und wer meint, es sei mit Geboten und Verboten und mit »unfehlbaren« Entscheidungen zu mana-
gen, wird nur Unkraut ernten. Solches gibt es genug.
Lasst das Rupfen und Zupfen, lasst das Schimpfen und
Moralisieren, lasst die falschen Posen, die weismachen

wollen, die ganze Verantwortung liege auf euren Schultern. Habt Vertrauen in den Sämann; er hat guten Samen ausgestreut. Und vertraut auf die Saat!

Für die Ernte bürgt Gott selbst. Und niemand sonst. Gott sei Dank!

Zum Leben rufen

Zu Ostern und am Fest der heiligen Maria von Magdala (22. Juli) wird in der römisch-katholischen Liturgie ein Abschnitt aus dem Johannesevangelium gelesen (20,1–18). Darin wird erzählt, dass Maria am ersten Wochentag frühmorgens, als es noch dunkel war, zum Grab kam, in dem sie den Leichnam Jesu vermutete. Da sie das Grab leer fand, alarmierte sie umgehend Simon Petrus und den Jünger, den Jesus liebte, und machte sich dann selbst auf die Suche nach Jesus. Und sie fand ihn auch. Allerdings meinte sie zuerst, es sei der Gärtner. In der Erzählung heißt es dann:

Jesus sagte zu ihr:
Maria! Da erkannte sie ihn …
Johannes 10,16

Der Kommentator schrieb dazu:

»Durch Jesu Ruf kam sie zum Leben.«

Am Nachmittag machte ich einen Spaziergang auf dem Friedhof meines Wohnortes. Ich stellte mir vor, wie der Auferstandene jede und jeden, die da auf dem Friedhof lagen, beim Namen ruft.

In den so genannten Fürbitten des Gottesdienstes las ich im Anschluss an das Evangelium unter anderem:

»Wenn unsere Augen verdunkelt sind und wir dich nicht erkennen, ruf uns beim Namen.«

Das wäre doch auch eine christliche Sendung in der Nachfolge Jesu: Menschen beim Namen zu rufen, damit sie zum Leben kommen.

Es gibt Wichtigeres

Sucht zuerst das Reich Gottes und
seine Gerechtigkeit. Alles andere wird
euch hinzugegeben werden.
Matthäus 6,33

Was das bedeutet, hat Jesus gelebt, indem er selbst auf
die Menschen zuging, die es am nötigsten hatten und
für die – nach seinem Glauben und nach seiner Überzeugung – Gott Partei ergriffen hat: für die vom Fieber
geplagte Schwiegermutter des Simon, den Aussätzigen,
den blinden Bartimäus, die seit zwölf Jahren an krank-
haftem Blutfluss Leidende, Levi, der am Zolltisch saß,
weil er sonst keine Arbeit hatte, die Kanaanäerin, den
Mann, den die Räuber halbtot liegen ließen ...

In diese Dynamik wies Jesus jene ein, die mit ihm gehen
wollten: Simon und Andreas, Maria von Magdala, Jakobus, Susanna – und wie sie alle hießen. Wo sie jenen
begegneten, die von allen anderen, besonders von den
»Frommen«, abgeschrieben wurden, sollte sich das Entscheidende ereignen, sollte Gott selbst ankommen, das
Leben, das allein diesen Namen verdient.

Dieses Entscheidende ließ auch alles andere zweitrangig werden: Familie, Beruf, gesellschaftliche Stellung, Staat, Nahrung, Kleidung, Zeit ... Es gibt Wichtigeres. Das Reich Gottes. Das Leben. Den Mann, den sie halbtot liegen ließen, den arbeitslosen Levi, die gekrümmte Frau. Die gilt es aufzusuchen und aufzurichten. Sucht zuerst das Reich Gottes, alles andere ...

Für alles andere empfiehlt Jesus einen sorglosen, fast möchte ich sagen: einen spielerischen Umgang.

Kirche unterwegs

Antiochia

In der Apostelgeschichte lesen wir folgende Notiz:

> In der Gemeinde zu Antiochia gab es Propheten und Lehrer: Barnabas und Simeon, genannt Niger, Luzius von Kyrene, Manaën, ein Jugendgefährte des Tetrarchen Herodes, und Saulus.
> Als sie einmal Gottesdienst feierten und fasteten, sprach der Heilige Geist:
> Wählt mir Barnabas und Saulus zu dem Werk aus, zu dem ich sie mir berufen habe.
> Darauf fasteten und beteten sie, legten ihnen die Hände auf und ließen sie ziehen.
>
> Apostelgeschichte 13,1–3

Das syrische Antiochia, von dem hier die Rede ist, war damals nach Rom und Alexandria die drittgrößte Stadt des Römischen Reiches. Bunt war die Stadt mit den vielen Zugewanderten aus allen Ländern und Kulturen. Wirtschaftlich blühend war sie, wobei die vielen Armen nicht zu übersehen waren.

Ähnlich bunt wie die Stadt war auch die christliche Gemeinde, die hier im Umfeld der jüdischen Synagoge entstand. Aus der obigen Notiz lässt sich das gut entnehmen: Barnabas war ein Levit aus Zypern, der Jude Simeon muss als Schwarzer irgendwo aus Nordafrika gebürtig gewesen sein, Lucius stammte aus Kyrene (Nordostafrika), Manaën war ein Jugendgefährte des Tetrarchen Herodes, Saulus stammte aus Tarsus und war in Jerusalem der Bewegung der Pharisäer beigetreten. Das heißt, wir haben es hier mit einer völker- und kulturübergreifenden Gemeinde zu tun.

Und als solche trat sie auch in Erscheinung. Das Evangelium von Jesus, dem Messias, sollte nicht bloß Jüdinnen und Juden verkündet werden, sondern unterschiedslos allen Menschen, und alle Menschen sollten auch unterschiedslos in der Gemeinde Platz finden. Zu diesem *Werk* beauftragte die Gemeinde Barnabas und Saulus. Kirche darf ihrer Überzeugung nach nicht eine heimelige Nische sein, in der man sich wohlfühlt und wo man nett ist zueinander. Kirche steht vor allem für die entschränkte Liebe Gottes. Sie gilt allen, den Nächsten wie den Fernsten. Uneingeschränkt ist sie und allumfassend.

So machten sich denn Barnabas und Paulus auf die erste Missionsreise.

»Macht euch die Erde untertan!«

Das Wort, das wir im Schöpfungsbericht der Genesis mit *untertan machen, unterwerfen* oder auch *beherrschen* übersetzen, erinnert an die altorientalische Königsideologie: Könige haben ihre feindlichen Heere *unterworfen,* ja *niedergetreten.* Diese Ausdrücke wollten ganz einfach die mächtige Überlegenheit der Könige zum Ausdruck bringen.

Das Königliche darf durchaus mitklingen, wenn es in Genesis 1 heißt:

> … macht euch die Erde untertan.
> Herrscht über die Fische des Meeres
> und über die Vögel des Himmels
> und über alles Getier …!
> Genesis 1,28

Nur müssen wir wissen, dass das Alte Testament die Ausdrücke zwar beibehält, das Königtum aber in einem ganz anderen Licht sieht, nämlich im Licht Gottes, des *guten Hirten,* der für seine Herde *sorgt,* sie *auf guten Auen weiden* lässt, *das Verlorene sucht* (vgl. Ezechiel 34; Psalm 23 u. a.).

Für Genesis 1 gilt auch noch Folgendes: Auf all dem, was sich der Mensch *untertan* machen soll, auf allen Tieren, über die er *herrschen* soll, liegt der *Segen Gottes* (vgl. Genesis 1,22); auch die Menschen, denen Gott den königlichen Auftrag des Herrschens gibt, werden von ihm gesegnet (1,28). Das heißt doch, dass alles Geschaffene, Menschen und Tiere und Pflanzen zur Fülle des Lebens gelangen soll, und dass der Mensch im Dienste dieses Lebens steht.

Und ein Letztes: Vom »Projekt Gottes« spricht Genesis 1 so:

> Lasst uns den Menschen machen
> nach unserem Bild, uns ähnlich!
> Sie sollen herrschen über die Fische
> im Meer …
> Genesis 1,26

Ganz offensichtlich sollen Menschen auch nach dem Bilde Gottes herrschen, sollen mit den Fischen des Meeres, mit dem Vieh und den Pflanzen und überhaupt mit der Natur Gott-ähnlich umgehen, das heißt sorgsam, liebevoll, zärtlich.

Wenn wir das *Untertan-Machen* und das *Herrschen* so verstehen, braucht uns um unsere Mit-Welt – und um uns selbst – nicht bange zu sein.

Entchristlichung?

»Entchristlicht« sei unser Land, unser Volk, unsere Zeit
– so hört man allenthalben klagen:
- es gebe keine Prozessionen mehr;
- in den Familien werde nicht mehr gebetet;
- die Wegkreuze würden verschwinden;
- die Sexualmoral werde unterlaufen;
- den kirchlichen Vorgesetzten werde nicht mehr gehorcht.

»Entchristlicht« sei unser Land, unser Volk, unsere Zeit;
das bedeutet doch, dass Land und Volk und Zeit einmal
christlich waren.

Ja, die gute alte, ach so christliche Zeit! Dabei wissen
wir doch von unseren Vorfahren:

- dass ledige Frauen, die ein Kind erwarteten, von ihren
  ach so frommen Familien verstoßen wurden und das
  Dorf verlassen mussten;
- dass sich Bauern während der Sonntagspredigt über
  den Marktpreis ihrer Kühe einigten;
- dass nach dem abendlichen Gottesdienst die Männer
  über ihre Ehefrauen herfielen und dass Vergewaltigungen Kavaliersdelikte waren;
- dass ausgerechnet jene »besseren Leute«, die die Kleinen ausnutzten und ihnen den gerechten Lohn vor-
  enthielten – übrigens eine »himmelschreiende Sünde«,
  wie sie gelernt hatten –, bei Prozessionen den Ehren-
  platz hinter dem Allerheiligsten innehatten ...

»Entchristlicht« sei unser Land, unser Volk, unsere Zeit; und allenthalben versucht man zu re-christianisieren, neu-zu-evangelisieren, was ja nicht erst heute wieder nötig wäre, sondern immer schon nottat, nur dass heute mit Prozessionen, feierlichen Gottesdiensten und kirchlichen Großanlässen über all diese Verlogenheiten nicht mehr hinwegzutäuschen ist.

Neuansätze echter Verchristlichung sehe ich beispielsweise in den verschiedenen Aufständen, die hier und dort geprobt werden:

- der Aufstand gegen die Abzockerei;
- der Aufstand gegen den mörderischen Straßenverkehr;
- der Aufstand gegen die Lohnungleichheiten;
- der Aufstand gegen den Leistungsdruck in Betrieben, Schulen und Kirchen;
- der Aufstand gegen ein Wirtschaftssystem, in dem die Reichen immer reicher, die Armen immer ärmer werden;
- der Aufstand gegen die Ausfuhr von Kriegsmaterial ...

Der Beispiele gäbe es mehr. Aber wer denkt schon an Aufstände, wenn es doch um mehr »Christlichkeit« geht?

Hier Bekenntnis –
dort Liebe?

Den Konflikt gibt es schon in der Bibel. Im Namen des Bekenntnisses werden Leute, die nicht zum Bekenntnis stehen, aus der Gemeinschaft ausgeschlossen. Zur Gemeinde gehören nur diejenigen, die dem Bekenntnis zustimmen; wer dem Bekenntnis nicht zustimmen will oder kann, soll die Konsequenzen ziehen und die Gemeinschaft verlassen. Das ist logisch; dagegen ist nichts einzuwenden. Wer nicht bereit ist, sich zum Messias Jesus zu bekennen, soll sich auch nicht Christ oder Christin nennen. Das Bekenntnis hat so immer auch ausgrenzenden Charakter.

So »logisch« dieser Sachverhalt auch ist, er birgt ein schmerzhaftes Paradox in sich, sobald es sich um die christliche Gemeinschaft handelt. Das *Bekenntnis* bekennt doch jenen Messias Jesus, der gerade niemand von seiner Liebe ausschließen will; das Verhalten Jesu und unzählige seiner Gleichnisse machen das deutlich. Andererseits laufen diejenigen, die allein auf die *Liebe* setzen, Gefahr, jenen konkreten Jesus von Nazaret zu vergessen, der die Gemeinschaft zusammenhält.

Wahrscheinlich ist dieses Paradox oder diese Spannung gar nicht aufzuheben – weder durch eine größere Liebe noch durch ein deutlicheres Bekenntnis. Vielleicht ist das ein Hinweis dafür, dass wir christliche Gemeinschaft, d.h. Kirche, nicht einfach »machen« können. Gott ist immer größer als das Bekenntnis, größer auch als die menschliche Liebe und größer auch als jede christliche Gemeinde.

Vor die Alternative gestellt (die vielleicht gar keine ist), ob ich dem Bekenntnis oder der Liebe den Vorzug geben würde, möge man mir verzeihen, wenn ich eher der Liebe zuneige. Im Namen des »Bekenntnisses« ist im Laufe der Jahrhunderte und Jahrtausende zu viel Blut geflossen (Religionskriege, Kreuzzüge, Inquisition, Hexenverbrennungen), sind Leute allzu sehr malträtiert worden (Redeverbote, Publikationsverbote, Exkommunikationen, geistige Vergewaltigungen, Zwangsbekehrungen).

Hie und da bin ich versucht, mich zu fragen, ob Jesus nicht auf das Bekenntnis verzichten würde, wenn dadurch mehr Menschen am Leben blieben ...

Sie laufen davon

Herbst 1989. In der DDR gingen die Menschen zu Tausenden auf die Straße. Die Fluchtwelle war bereits in vollem Gange.

In diesen Tagen kamen in unseren Radio- und Fernsehsendungen verschiedene Polit- und Kulturgrößen zu Wort. Unter ihnen Stefan Heym, der bekannte Schriftsteller. Auf die Frage, warum besonders die jungen Leute die DDR verlassen, denen man doch schon mit der Muttermilch eingeflößt habe, dass es nichts Besseres und nichts Wahreres gebe als die DDR, antwortete er, der Grund für das Verlassen des Landes liege im Auseinanderklaffen von Ideal und Wirklichkeit.

In der Tat: »Demokratie« klingt wie ein Hohn, wenn weder in der Gemeinde noch am Arbeitsplatz Mitbestimmung gefragt ist. »Volk« klingt wie eine Beleidigung, wenn es sich nirgends artikulieren kann außer in erzwungenen Kundgebungen und manipulierten Wahlen. Auf die Dauer kann kein Mensch dieses große Gefälle ertragen; entweder er erkrankt, wird depressiv, steigt auf die Barrikaden oder verlässt das Land.

Gewisse Parallelen mit unserer Kirche liegen auf der Hand. Immer mehr Menschen verlassen sie – wenn auch unauffällig. Die Gründe für diese »stille Emigration« sind nicht leicht zu benennen. Vielleicht sollte man sich aber auch bei uns fragen, wie es denn mit der Kluft zwischen Ideal und Wirklichkeit steht und ob Wortreichtum wirklich genügt, um diese Kluft zu überwinden. Auch in der Kirche spricht man gerne vom »Volk«, ja vom »Volk Gottes«. Wenn man aber nach den Rechten dieses Volkes fragt, gibt es sie nur für gewisse Schichten und Stände.

Von »Gemeinschaft« ist viel die Rede und von »Mündigkeit« und man lässt die Leute sogar »diskutieren«. Aber Entscheidungsbefugnis haben sie keine.

Auch »Gleichberechtigung« wird großgeschrieben, und man spricht gerne von »Brüdern und Schwestern« und von »geschwisterlicher Kirche«. Wenn es dann aber darauf ankommt, sind es doch nur die »Brüder«, die das Sagen haben, während die »Schwestern« dazu da sind, die Kirchen zu füllen, den Orgeldienst zu versehen und – wenn es hoch kommt – die von den »Brüdern« bestimmten Texte vorzutragen.

Von der damaligen Wende in den Oststaaten wäre immerhin dieses zu lernen: All die Worthülsen mit ihren Idealen – mögen wir sie noch so fleißig wiederholen und lautstark predigen: Solange diese Ideale nicht »greifen«, nicht irgendwo einen Berührungspunkt haben mit der konkreten Wirklichkeit, wird das ganze Bemühen nicht nur umsonst, sondern gar kontraproduktiv sein. Die Leute – die Arbeiter, die Jugendlichen, die Frauen – werden weiterhin in Scharen die Kirche verlassen. Ob es laut oder leise geschieht, tut nicht viel zur Sache.

Wo sind sie geblieben ...?

In den urchristlichen Gemeinden waren mehr Frauen am Werke als dies während langer Zeit zugegeben wurde. Paulus, dem immer wieder Frauenfeindlichkeit nachgesagt wird, äußert sich im Römerbrief auffallend lobend über Frauen, die christliche Gemeinden leiteten und in ihnen tätig waren (Römer 16). Um nur ein paar von ihnen zu nennen: Phöbe, Priska, Junia, Maria, Tryphäna, Tryphosa, Persis, Julia, die Mutter des Rufus, die Schwester des Nereus.

Auch aus den Evangelien hören wir, dass Frauen im Leben Jesu und in den ersten christlichen Gemeinden große Bedeutung hatten. Man denke an die Frauen, die Jesus nachfolgten und als Einzige unter dem Kreuz ausharrten wie Salome und Maria (Markus 15,40–41); man denke auch an die namentlich genannten Frauen, die die ersten Zeuginnen und Künderinnen der Osterbotschaft waren wie Maria von Magdala und Johanna (Lukas 24,10).

Bereits zur Zeit des Neuen Testaments, also gegen Ende des 1. Jahrhunderts, wurden (von wem wohl?) Frauen von ihren Posten verdrängt. Im ältesten uns erhaltenen christlichen Glaubensbekenntnis, das schon Paulus vorgefunden hat, werden die Frauen als Zeuginnen des Auferstandenen nicht mehr erwähnt (1 Korinther 15). Für die Leitung christlicher Gemeinden werden nur noch Männer als geeignet angesehen, die sich als gute Familienväter und Hausverwalter bewährt haben (1 Timotheus 3). Die Frauen haben in den Gemeindeversammlungen zu schweigen (1 Korinther 14) ... Aus einer geschwisterlichen Kirche wurde sehr bald eine Männerkirche.

Es ist das Verdienst moderner Exegese, besonders der Frauen, die auf diesem Gebiet wissenschaftlich tätig sind, dass heute vermehrt den befreienden Traditionen der Bibel nachgegangen wird und dass die Mechanismen patriarchaler Vorherrschaft aufgedeckt und entlarvt werden. Einem solchen Unternehmen kommt kein Geringerer als Paulus selbst zu Hilfe, der in seinem Brief an die christlichen Gemeinden in Galatien die Sache auf den Punkt bringt:

> Im Messias Jesus, d. h. in der christlichen Gemeinde, gibt es nicht mehr Juden und Griechen, Sklaven und Freie, Mann und Frau; denn ihr alle seid einer in Christus.

Mit diesem Wort ist jeder Diskriminierung aufgrund der Rasse, der sozialen Herkunft und auch des Geschlechts eine klare Absage erteilt.

Es ist müßig, darüber zu diskutieren, ob Paulus hier die konkrete Situation in den christlichen Gemeinden beschreibt oder ob er eine prophetische Vision von Kirche mitteilt. Das Paulus-Wort wird so lange ein Pfahl im Fleisch der Männer-Kirche sein, als diese sich einer echten Mitbestimmung der Frauen widersetzt.

Verkehrte Hierarchie

Für Menschen ist es wichtig, in klaren Strukturen zu leben. Zu diesen Strukturen gehört, dass die einen oben, die anderen unten sind. Vor allem ist es schön, oben zu sein und andere unter sich zu haben.

Kaum hatte Jesus eine Gruppe von Jüngerinnen und Jüngern bestellt, stritten sie auch schon untereinander, wer unter ihnen der Erste sei (Markus 9,33–34 u. ö.).

Jesus reagiert wie folgt:

> Die Herrscher der Völker unterdrücken ihre Leute und lassen sie ihre Macht spüren. Bei euch darf es nicht so sein! Wer von euch der Erste sein will, soll den anderen dienen ...
>
> Markus 10,42–44

Jesus propagierte den Umsturz. Dabei sah er sich in der guten Tradition der Seherinnen und Propheten des Gottes Israels, der die *Mächtigen vom Thron stürzt* und *die Reichen mit leeren Händen fortschickt,* der andererseits die *Unterdrückten aufrichtet* und *den Hungernden zu essen gibt* (vgl. Lukas 2,51–53). Das ist die »Hierarchie«, die »heilige Ordnung«, wie sie gemeint ist.

Die Jünger hätten es gern hingenommen, in Jesus den Ersten zu sehen. Aber nicht einmal dazu bot er Hand. *Ich bin in eurer Mitte der, der dient* (Lukas 22,27). Als er dies dadurch unterstrich, dass er ihnen die Füße wusch, protestierte Petrus heftig (Johannes 13,8). Verständlich: Wenn das Beispiel Jesu Schule macht, weiß man ja nicht mehr, was oben und was unten ist. Ganz abgesehen davon, dass Petrus seine eigenen Felle – er wollte doch so gerne Erster der Gruppe sein – wegschwimmen sah …

Spielverderber

Das Gerangel gab es schon auf den ersten Seiten der Bibel und es wird weiterhin bestehen:

Da ist auf der einen Seite die *classe cléricale,* so könnte man sagen. Es sind vorwiegend Männer, die sich für die Religion verantwortlich fühlen und sich dafür auch einiges einfallen lassen: Sie veranlassen den Bau von Tempeln, organisieren feierliche Liturgien, wissen und sagen, was zu tun und zu lassen, wer gut und wer böse ist, wer dazugehört und wer nicht, und setzen sich so für eine Ordnung ein, in der sich durchaus leben lässt. Der Gesellschaft ist das gar nicht so unrecht und betrachtet das Ganze als Teil eines Gesellschaftsspiels, das zudem seine praktischen Seiten hat. Es ist praktisch, eine Religion zur Seite zu haben, die für Recht und Ordnung sorgt, den wirtschaftlichen Fortschritt segnet und die Zukurzgekommenen tröstet. Namhafte Kreise investieren durch Spenden und Steuern recht viel für die Aufrechterhaltung der entsprechenden Spielregeln.

Auf der anderen Seite stehen die Anwälte Gottes, die Prophetinnen und Propheten, die Spielverderber. Sie sind überhaupt nicht davon überzeugt, dass Gott bei diesem Spiel mitspielen will. Dass er in Tempeln und Kirchen wohnen will. Dass er Opfer verlangt. Dass sein oberstes Prinzip das der klerikalen Ordnung ist. Eine Religion, in der Gott instrumentalisiert und zum Schweigen gebracht wird oder nur das sagen darf, was seine »Diener« ihm in den Mund legen; eine Religion, die jede Ordnung absegnet, in deren Umkreis die eigenen Geschäfte so gut gedeihen ...: Eine solche Religion ist Götzendienst – so sagen sie, die Spielverderber.

In aller Entschiedenheit treten sie ein für den Gott Abrahams, Isaaks und Jakobs, für den Gott der Sara und der Rebekka und der Hagar, für den Gott des Aufbruchs und der Befreiung, für den Gott der kleinen Leute. In seinem Auftrag sagen sie:

> Eure Liturgien mag ich nicht ansehen …;
> wie Wasser flute das Recht und die
> Gerechtigkeit.
> Amos 5,21–24

> Barmherzigkeit will ich, nicht Opfer.
> Hosea 6,6

Und Jesus pflichtet ihnen bei:

> Sucht zuerst das Reich Gottes und
> seine Gerechtigkeit!
> Matthäus 6,33

Gebt Raum den Spielverderbern!

Keine Einbahnstraße

Im Wort »gehorsam« steckt das Verb »hören« oder besser noch »horchen«.

Im Laufe der Zeit hat »gehorsam« seine eigentliche Bedeutung verloren; genauer gesagt: Der Gehorsam ist zur Einbahnstraße geworden. Gehorsam ist man nur gegenüber so genannten Höhergestellten: Kinder gegenüber den Eltern, Untergebene gegenüber dem Chef, Soldaten gegenüber den Offizieren, das Volk gegenüber den Regierenden.

Nur: so einfach geht das nicht. Wenn ein Kind eine gewisse Nahrung zurückweist, ist das nicht schon Ungehorsam. Das Kind kann diese Nahrung vielleicht nicht ertragen oder hat entsprechende Allergien. Da nützt alles Befehlen nichts. Umso mehr wird die Mutter das Kind gut beobachten, eben gut hinhorchen.

Wenn eine Angestellte dem Auftrag des Abteilungsleiters nicht nachkommt, muss das nicht schon eine Befehlsverweigerung sein. Es könnte ja sein, dass der Abteilungsleiter die praktische Durchführung und die konkreten Konsequenzen seines Auftrags zu wenig bedacht hat. Er hätte sich besser bei der Angestellten erkundigt, wie es um die konkrete Durchführung des Auftrags steht – und ihr auch zugehört, gehorcht.

Das war und ist auch der Fehler jener Staatschefs, gegen die sich das Volk erhebt. Sie erteilten Befehle und setzten das durch, was sie für richtig hielten. Selten hörten sie den Leuten recht zu, kümmerten sich kaum um das, was sie umtrieb. Gutes Zu-hören, Ge-horchen beruht auf Gegenseitigkeit. Leute, die in einer guten Beziehung leben, wissen das, auch wenn sie es immer wieder lernen müssen.

Lernen sollte das auch die Kirche, und zwar die Kirche als Ganzes. Seit einigen Jahren schon gibt es gewisse Postulate der »Kirche von unten«; diese betreffen u. a. die Strukturen der Kirche, die Zulassung von Frauen zu den Ämtern, die Rechtskultur, die Gewissensfreiheit. Schlimm genug, dass es überhaupt so etwas wie eine »Kirche von unten« gibt. Es gibt sie nur, weil gewisse Leute, besonders Männer, »von oben herab« Befehle erteilen, ohne auch nur im Geringsten zuerst diejenigen anzuhören, an die sie ihre Befehle richten.

Der Vorwurf des »Ungehorsams« fällt auf diese Männer selbst zurück; sie unterlassen es, auf das Volk zu hören, seine Nöte und Anliegen richtig abzuhorchen.

Ist Christsein passé?

Es ist schon geraume Zeit her, dass man in unseren Breitengraden von der »nachchristlichen Ära« spricht. Das Christentum also als ein religionsgeschichtliches Phänomen, das der Vergangenheit angehört. Es ist – in großen Zeiträumen gerechnet – irgendwann zu Beginn des ersten Jahrtausends aufgetreten und irgendwann gegen Ende des zweiten Jahrtausends wieder verschwunden.

Was es der Welt gebracht hat? Da ließe sich schon einiges aufzählen, das positiv hervorzuheben ist. Da gibt es aber auch viel Negatives. Der Bischof von Rom, das Oberhaupt der römisch-katholischen Kirche, machte sich schon am Ende des zweiten Jahrtausends Gedanken darüber, wie er beziehungsweise die Kirche im Hinblick auf die Jahrtausendwende die Welt um Verzeihung bitten könne für all das Unrecht, das die Kirche im Laufe der 2000 Jahre der Welt und der Menschheit angetan hat.

Ich meine nicht, dass das Christsein als Ganzes passé ist. Nicht, solange es Menschen gibt, die die Geschichte des Nazareners weitererzählen; nicht, solange Menschen zu seinem Gedächtnis zusammenkommen und in seinem Namen ihr karges Brot teilen; nicht, solange Menschen durch ihr solidarisches Verhalten seine Auferstehung bezeugen. Vielleicht wird man das Christentum nicht mehr dort finden, wo es sich bisher großspurig zur Schau stellte, sicher aber dort, wo die Ausgezehrten und Ausgegrenzten Gerechtigkeit und Gemeinschaft erfahren.

In diesem Zusammenhang bin ich auf das Kapitel 58 im Buch des Propheten Jesaja gestoßen. Thema ist zwar das *Fasten*, aber da es zusammen mit *Beten* und *Almosengeben* zu den Grundpfeilern des christlichen Lebens gehört, lässt es sich leicht auf das *Christsein* als solches übertragen. So werde ich in der folgenden Gottesrede *Fasten* durch *Christsein* ersetzen:

> Obwohl ihr Christen seid,
> gibt es Streit und Zank
> und ihr schlagt zu mit roher Gewalt …
> Nennt ihr das ein Christsein, das mir,
> dem Ewigen, gefällt?
> Nein, das ist ein Christsein,
> wie ich es liebe:
> die Fesseln des Unrechts lösen …,
> die Versklavten freilassen,
> das Brot teilen mit den Hungrigen …

Und das ist erst noch mit einer wunderbaren Verheißung verbunden:

> … dann geht im Dunkel dein Licht auf,
> und deine Finsternis wird hell wie
> der Mittag …
> Du gleichst einem bewässerten Garten,
> einer Quelle, deren Wasser niemals
> versiegt.
> Jesaja 58,10–11

Christsein hat tatsächlich Zukunft.

Gefährliche Berufe

Es gibt Berufe oder auch Berufungen, die von den biblischen Schriftstellern besonders aufs Korn genommen werden. Dazu gehören vor allem die Hirten, die Lehrer und die Väter.

Der Prophet Jeremia schleudert den *Hirten* das erschreckende Wehe entgegen: *Wehe den Hirten* ... Dazu muss man wissen, dass im Alten Orient und in der Bibel mit den Hirten die Könige gemeint waren, die führenden Männer auch, Leute, die das Sagen hatten. Der Jeremia-Text fährt fort:

> Versprengt und auseinandergetrieben
> habt ihr meine Schafe und habt euch
> nicht um sie gekümmert ...
> Jeremia 23,2

Auch die *Lehrer* kommen nicht gut weg. Matthäus legt Jesus diese Worte in den Mund:

> Ihr sollt euch nicht Lehrer
> nennen lassen ...,
> denn Lehrer ist nur einer: der Messias.
> Matthäus 23,9

Auch vom *Vater*-Sein-Wollen sollten wir lieber die Finger lassen:

> denn nur einer ist euer Vater:
> der im Himmel.
> Matthäus 23,10

Die Frage drängt sich auf, warum gerade diese drei »Berufe« einer so harten Kritik unterzogen werden. Den drei Berufen ist gemeinsam, dass ihre Bezeichnungen sehr früh für kirchliche Ämter gebraucht wurden – bis auf den heutigen Tag. Wir haben in der Kirche *Hirten,* ja sogar Ober-Hirten; wir haben in der Kirche *Lehrer;* es gibt kein wichtigeres Amt als das Lehr-Amt; und sehr früh gab es in den christlichen Gemeinden den *Vater* – heute gibt es sogar (noch) den »heiligen« Vater.

Gemeinsam ist den drei Berufen, dass sowohl der Hirt wie auch der Lehrer wie auch der Vater *über* denen steht, die ihnen anvertraut sind. Der Hirt steht auf einem erhöhten Platz, damit er die Übersicht behält. Der Lehrer sitzt oder steht auf einem Podium, von wo aus er alle sieht und damit alle ihn sehen können; er weiß ja auch immer alles besser als die anderen. Nicht anders der Vater, der nicht nur in der damaligen Zeit beinahe unumschränkte Herrschaft über die Familie ausübte.

Die biblische Kritik an Leuten, die fast naturgemäß *über* anderen stehen (wollen), ist verständlich. In ihrem feinen Gespür für das Gemeinschaftliche haben die biblischen Schriftsteller alles angeprangert, was die Gleichberechtigung und die wahre Geschwisterlichkeit beeinträchtigen könnte.

Sie soll predigen, nicht politisieren!

Ein Zürcher Politiker – er sagt von sich selbst in einem Interview, er sei »eigentlich ein sehr christlicher Mensch« – ist aus der Kirche ausgetreten. Grund dafür ist unter anderem die Tatsache, dass sich die Kirche »für Menschen einsetze, die der Gesellschaft nichts Produktives zurückgeben«. Dadurch, dass die Kirche sich beispielsweise gegen die Ausschaffungsinitiative oder für die Sans-Papiers einsetze, habe sie sich »politisch positioniert«. Sie habe zu predigen und nicht zu politisieren. Diese Auffassung, die man nicht selten gerade bei »eigentlich sehr christlichen Menschen« findet, veranlasst mich zu einer Feststellung und zu einer Frage.

Die *Feststellung* ist diese: Jesus stand den damaligen sozialen und politischen Verhältnissen keineswegs neutral oder gar blauäugig gegenüber. Bereits zu Beginn seiner ersten großen Predigt betonte er, dass Gott ihn gesandt habe:

> … den Armen gute Nachricht zu bringen, den Gefangenen Freiheit anzusagen, den Misshandelten aufzuhelfen und das Jahr auszurufen, in dem alle von ihren Schulden befreit werden sollen.
> Lukas 4,16–22

Die Armen und die Leidenden hatten für Jesus absolute Priorität.

Und gerade dadurch erweist er sich als *der* Sachwalter Gottes. Gott stellte sich dem Mose am brennenden Dornbusch nicht als »höchstes Wesen« vor, sondern als jener Gott, *der das Elend seines Volkes in Ägypten gesehen und seine Klagen über die Unterdrücker gehört hat* und nicht mehr an sich halten konnte. Und er schickte Mose, dieses Befreiungswerk durchzuführen (Exodus 3,1–15). Für Gott selbst haben die Armen und Unterdrückten seit jeher absoluten Vorrang. Ja, er ist wesentlich der *Gott der Armen.*

Die *Frage,* die ich mir stelle, ist die: Worüber hätte denn Jesus »predigen« sollen, worüber sollten denn heute die Kirchen »predigen«, wenn nicht über dieses Ur-Anliegen Gottes: dass die Menschen von ihrer Armut und Unterdrückung befreit werden?

Wer die Politik aus der christlichen Verkündigung ausklammern will, übt Verrat an den Armen – und damit auch Verrat am Anliegen Gottes.

Das Brot der Satten

An einem der Sonntage nach Ostern wird in manchen unserer Gemeinden erste heilige Kommunion gefeiert. Für viele der Kleinen »der schönste Tag des Lebens«. Für viele Erwachsene ein Tag der Nostalgie und des schlechten Gewissens. Sie erinnern sich an die Zeiten ihrer Jugend mit dem unverbrauchten, unschuldigen Glauben, zu dem sie heute – wie sie meinen – nicht mehr fähig sind.

Sie sollen sich von ihren Zweifeln nicht entmutigen lassen.

Zur Kommunion gehören auch die wunderschönen Geschichten, die bei den Gottesdiensten vorgetragen werden. Vom Volk in der Wüste, das in seinem Hunger mit Manna gespeist wurde. Von der armen Witwe in Sarepta, zu der der Prophet geschickt wurde, um sie und ihren Sohn vom Hungertod zu bewahren. Von der Entschiedenheit der Gesetzgeber, für die das größte Verbrechen darin bestand, dass die Reichen den Armen das Brot vorenthalten. Von Jesus von Nazaret, der nicht gekommen ist, damit man ihn verehre, sondern damit er sein Leben teile mit den Hungernden und Aussätzigen und Verachteten und Zweifelnden.

Vor seinem Leiden und Sterben – gewissermaßen als Testament – hielt er mit den Seinen Mahl.

Er nahm das Brot, dankte Gott,
brach das Brot und reichte es ihnen …
vgl. Markus 14,22

Seither ist das Brotbrechen, das Teilen des Brotes, das bedeutendste Merkmal der Anhängerinnen und Anhänger des Messias Jesus. Zeichen auch für das Kommen Gottes.

Nicht zur Verehrung ist uns das Brot gegeben, sondern zur Nahrung – und zum Teilen mit denen, die Hunger haben. Nicht die Wandlung des Brotes steht im Mittelpunkt, sondern die Wandlung unseres Lebens, die Wandlung unserer Gesellschaft. Nicht in der Hostie werden wir Gott finden, sondern in der Solidarität mit den Ärmsten. Diesen Weg des Teilens müssen wir jeden Tag von neuem unter die Füße nehmen. Es ist der Weg in die Freiheit – für die Hungernden und zugleich für uns, die Satten.

Asche oder Feuer?

Als »guter Katholik« berufe ich mich nicht nur auf die Bibel, sondern auch auf die Tradition. Ob ich dabei immer gut beraten bin? Der Komponist Gustav Mahler (1860–1911) soll den Theaterleuten zugerufen haben: »Was ihr Tradition nennt, ist nichts anderes als Bequemlichkeit und Schlamperei.« Für den polnischen Philosophen Stanislaw Brzozowski ist das ständige Hochhalten der Tradition nur eine Form unserer geistigen Faulheit.

Das mag zwar übertrieben klingen; Tatsache aber ist: Mit der Berufung auf »Traditionen« – seien sie politischer, religiöser, kirchlicher, gesellschaftlicher Art – machen wir uns die Dinge zu einfach. Pflichtzölibat der Priester, Ausschließung der Frauen aus den Leitungsgremien der Kirche, lateinische Messe, kirchliche Ämter und vieles mehr ... Das sind Traditionen. Wer sich auf Traditionen beruft, kann sich die Argumente ersparen – ein sicheres Zeichen von Bequemlichkeit und Denkfaulheit. Dabei gilt es doch, uns den Herausforderungen der heutigen Zeit zu stellen und auf die Not der Menschen heute einzugehen.

Der eingangs zitierte Gustav Mahler hielt auch an dem anderen Wort fest, das wahrscheinlich auf Thomas Morus (1478–1535) zurückgeht: »Tradition ist nicht das Bewahren der Asche, sondern das Weitergeben des Feuers« – ein Wort, das sich auch der heilige Papst Johannes XXIII. zu eigen machte.

Ob manche unserer kirchlichen Traditionen nicht tote Asche bewahren? Oft und oft vermisse ich das Feuer – auch in mir.

Keine Negativ-Folien!

Leute, die sich für die Wahl in ein politisches Amt zur Verfügung stellten, kamen überein, einen »fairen« Wahlkampf zu führen. Sie verpflichteten sich, in ihren Wahlreden ihr politisches Gegenüber nicht herunterzumachen, sondern einzig über Sachprobleme zu reden und so die eigenen Vorzüge ins gute Licht zu stellen. Die Beteiligten selbst fanden die Abmachung eine gute Sache. Jeder und jede konnte sich zum Studium der Sachfragen Zeit nehmen, niemand brauchte im Vorleben der Kontrahenten herumzustochern, alle konnten sich auf die eigenen Qualitäten besinnen und sich ihrer freuen. Der »Wahlkampf« war nicht flauer als sonst oder anderswo; im Gegenteil. Nach geschlagener »Schlacht« gab es zwar auch Verlierer – damit war zu rechnen; aber es gab keine Verletzten. Alle konnten sich aufrichtig in die Augen schauen und einander die Hand reichen.

Eine ähnliche Fairness wünschte ich den Leitungsgremien der römisch-katholischen Kirche. Gewiss soll die Kirche Profil zeigen – aber nicht dadurch, dass sie die andern ignoriert. Gewiss soll die Kirche ihre Vorzüge ins gute Licht stellen – aber nicht dadurch, dass sie die anderen in den Schatten oder gar ins Dunkel stellt. Gewiss soll die Kirche auf die vielen Heilsgüter aufmerksam machen, mit denen sie gesegnet ist – aber nicht dadurch, dass sie den anderen ihre Mängel aufrechnet. Keine Kirche hat es nötig, sich auf Kosten anderer zu profilieren.

Die Geschichte lehrt es uns: Wie oft mussten »die Juden« und »die Heiden« schon zu Beginn der christlichen Verkündigung als Bösewichte hinhalten, nur damit Jesus im Vergleich zu ihnen umso strahlender herauskommt. Solche Negativ-Folien waren und sind der Keim des Antijudaismus. Jesus braucht keine Negativ-Folien, um besser dazustehen.

Von Jesus lesen wir, dass er sogar den Sünderinnen und Zöllnern und den so genannten Heiden zum Bruder wurde, ohne ihnen ihre Mängel vorzuhalten. Ist es da von seiner Kirche zu viel verlangt, dass sie den christlichen und anderen religiösen Gemeinschaften zur Schwester wird, ohne sie an ihre »Defizite« zu erinnern?

Je mehr wir die Werte und den Reichtum der anderen entdecken und anerkennen und fördern, desto mehr können wir uns der eigenen Vorzüge erfreuen – und umgekehrt.

Ökumene konkret

Immer wieder kommt es in Sachen Ökumene zu Misstönen und Ausrutschern. Ins Gespräch bringen sich dabei vor allem Leute aus den kirchlichen Chefetagen – samt und sonders Männer. Und einmal mehr bestätigt sich: Die Einheit der Kirche lässt sich nicht autoritär herstellen; sie muss als Vernetzungsarbeit begriffen werden.

Solche Vernetzungen finden an der Basis statt, in den Gemeinden und Pfarreien, in den Familien, in Gebets- und Solidaritätsgruppen. Hier lernt man, einander zu schätzen und einander zur Hand zu gehen.

Ganz anders die verschiedenen Alarmrufe, die »von oben« kommen. Sie empfehlen, sich zu profilieren, d.h. anders und besser Kirche zu sein als die andern.

Woher diese grundverschiedenen Welten und Verhaltensweisen? An der Basis gibt es den selbstverständlichen unverkrampften Umgang von Leuten aus verschiedenen Kirchen. Ökumene findet hier in der konkreten Welt statt, in der Familie, in der Küche, im Schlafzimmer, im Freundeskreis, am Arbeitsplatz, in der Eherunde, in Kreisen, die sich für karitative Projekte einsetzen. Ganz anders die Welt der kirchlichen Chefetagen. Wenn ein Bischof oder gar der Papst mit ebenfalls höher gestellten Mitgliedern einer anderen Kirche zusammenkommt, ist das ein »Event«, wie man heute sagt. Die Orte und Räume, in denen dieses Ereignis stattfindet, sind Kirchen und Wallfahrtsorte, Bibliotheken und Empfangssäle. Die Sprache ist entsprechend: gehoben und feierlich. Echte Begegnungen finden kaum statt.

Die Frage drängt sich auf: Wie können die Leute der Basis und die Leute der Chefetagen miteinander ins Gespräch kommen und sich verstehen, wenn sie doch in so ganz verschiedenen Welten leben, so verschiedene Erfahrungen machen und so verschiedene Sprachen sprechen?

Gewiss, man sollte einander entgegenkommen. Nur habe ich etwas Mühe, den Leuten an der Basis zu empfehlen, in die Chefetagen zu gehen. Dorthin gehen sie ja schon von frühester Jugend an: zur Tauffeier, zur ersten heiligen Kommunion, zur Firmung, zur heiligen Messe ... Aber so oft sie auch hingehen, sie begegnen einer fremden Welt, hören eine fremde Sprache und haben nichts zu sagen.

Es gäbe noch einen anderen Weg: Die Leute der Chefetagen bewegen sich auf die Leute der Basis zu. Sie bräuchten dabei gar nicht so viel zu reden. Sie könnten doch auch mal zuhören – und schauen, wie man es macht.

Wenn du betest …

Eine Gebetsempfehlung: das Vaterunser

Das Vaterunser beten wir bei jeder passenden und unpassenden Gelegenheit. Aber gibt es eigentlich eine unpassende Gelegenheit für dieses Gebet? Das Vaterunser beten wir auch, wenn und weil uns nichts Besseres in den Sinn kommt. Aber gibt es eigentlich etwas Besseres als dieses Gebet? Vom Vaterunser kann man mit Fug und Recht sagen, es sei die Mitte unseres Glaubens.

Wenn wir ab und zu der verschiedenen komplizierten Diskussionen überdrüssig sind, die da um Dogmen und Kirchenrecht kreisen, um erlaubt und verboten, um Kirchenstrukturen und ihre Dienstgrade, um Beichte und Handkommunion, betreten wir mit dem Vaterunser eine Welt von großer Schlichtheit:

- Einfache Bilder: Da ist Gott, den wir mit dem vertrauten *Vater* ansprechen; da ist das *Brot,* das so vielen Menschen fehlt und von dem allein wir nicht satt werden; da sind die *Schulden,* deren Last viele Menschen erdrückt.

- Einfache Bitten und kurze, markige Sätze: *Dein Reich komme. Dein Wille geschehe.*

- Der Bezug zum Alltag: zum *täglichen Brot,* das wir nur ungern teilen; zur *Versuchung,* die uns täglich umtreibt.

Das *Gebet des Herrn,* wie man es auch nennt, bringt auf wunderbare Weise Gott und die Welt zusammen. In dieser Welt lässt sich glauben und hoffen; in dieser Welt lässt sich lieben und leben. Was wollen wir mehr?

Beten als Wundermittel?

Als Jugendliche haben wir es gelernt, und zwar bei unseren verehrten Lehrern am katholischen Gymnasium: Es ist schon richtig, für das gute Gelingen eines Examens zu beten; aber das Beten ersetzt das Studieren nicht. Eine Binsenwahrheit, würde man meinen. In Wirklichkeit wird diese Wahrheit immer wieder verdrängt. Der Beispiele gibt es genug.

- Wir beten für den Frieden in der Welt; an unserer Armee und unserer Waffenausfuhr soll es aber nichts zu rütteln geben.

- Wir beten für die Hungernden in der Welt; das hindert uns aber nicht daran, unseren Benzintank mit Kraftstoff zu füllen, der aus Getreide gewonnen wird, das vielen Hungernden fehlt.

- Wir beten für ein engeres Zusammenrücken der Völker und Nationen; aber wir schreien auf, sobald es an unseren Geldsack und an unsere wirtschaftliche Entwicklung geht.

- Bei der Eucharistiefeier betet der Priester: *Mache die Kirche zu einem Ort der Wahrheit und der Freiheit, der Gerechtigkeit und des Friedens;* der Vatikan weigert sich aber bis heute, die Menschenrechtskonvention zu unterzeichnen.

Eine bekannte Erzählung in neuer Version lautet so:

> Ein Mann ging von Jerusalem hinab nach Jericho und fiel unter die Räuber; die plünderten ihn aus, schlugen ihn, ließen ihn halbtot liegen und machten sich davon.
>
> Zufällig kam da einer vorbei. Er sah den Zusammengeschlagenen, ging dann aber an ihm vorüber. Ein Zweiter, der des Weges kam, machte es ebenso. Es kam ein Dritter. Der stieg vom Pferd, ging auf den Halbtoten zu und sagte ihm mit deutlich vernehmbarer Stimme: Ich werde für dich beten ...
>
> vgl. Lukas 10,30–35

Beten ersetzt nicht das Studieren, auch nicht das Zuhören, auch nicht das Reden miteinander, auch nicht die tätige Hilfe, auch nicht den Protest. Menschen, die schnell das »Wundermittel Gebet« zur Hand haben, verdienen gewiss meine Ehrerbietung; ihre Menschenverachtung macht mir bisweilen Angst.

Hört!

Dieses Volk ehrt mich mit den Lippen ...
Markus 7,6

Für die Liturgie eines bestimmten Sonntags waren letztes Jahr drei Lesungen aus unseren Heiligen Schriften vorgesehen: die erste aus dem Buch Deuteronomium (4,1), die zweite aus dem Jakobusbrief (1,19–27), die dritte aus dem Markusevangelium (4,1–9); in diesem zitiert Jesus in seiner Predigt den Propheten Jesaja (29,13). Alle drei Lesungen kreisten um das Thema HÖREN.

HÖREN ist etwas, das in unserem Gebetseifer fast völlig untergeht. Wir stopfen mit unseren Gebeten dem lieben Gott die Ohren voll, und das erst noch mit Anliegen, die er doch schon längst kennt:

- dass viele Menschen Hungers sterben,
- dass die Güter dieser Welt so schlecht verteilt sind,
- dass der Friede in weiter Ferne liegt,
- dass wir zu wenig Priester haben.

... aber sein Herz ist weit von mir.
Markus 7,6

Ich vermute, dass wir darum so viele Worte machen, weil uns Worte weniger kosten als Taten und weil wir mit unseren Gebeten die Bitten, die Gott an uns richtet, leichter überhören können; Gott spricht nämlich leise. Seine Aufforderungen hören sich ungefähr so an:

- Tut endlich etwas gegen den Hunger in der Welt!
- Sorgt für eine gerechte Verteilung der Güter, die ihr in Fülle geschenkt bekommt!
- Hört auf mit Waffenexporten!
- Setzt euch für die Menschenrechte ein – auch in der Kirche!

Jakobus bringt es in seinem Brief auf den Punkt:

> Hört das Wort und nehmt es zu Herzen, sonst betrügt ihr euch selbst …
> Der wahre und vollkommene Gottesdienst besteht darin:
> - sich um Witwen und Waisen zu kümmern, die in Not sind,
> - und sich selbst freizuhalten von jeglicher Korruption und Falschheit.
>
> Jakobus 1,22–27

Diese Anliegen können wir nicht als Gebete an Gott zurückdelegieren. Wir selbst sind dran.

Wörtlich?

Wenn wir beim Lesen der Bibel etwas nicht verstehen oder Wörter und Sätze uns übertrieben oder gar absurd vorkommen, sagen wir gerne: »Das ist nicht wörtlich zu nehmen.« Viel hilft eine solche Aussage freilich nicht, weil so ja immer noch nicht gesagt ist, wie es denn zu nehmen ist.

Jeden Tag lesen oder hören oder sagen wir Sätze, die nicht wörtlich zu verstehen sind, und doch verstehen wir sie sehr gut. Beispiele:
»Als ich diese Nachricht vernahm, standen mir die Haare zu Berge.« – »Bei diesem Fußballspiel kam der Kapitän überhaupt nie zum Zuge.« – »Für den Sonnenaufgang kamen wir zu spät.« – »Als mein tot geglaubter Freund kam, bin ich buchstäblich aus allen Wolken gefallen.« – »Über dem ganzen Land brütete eine unerträgliche Hitze.«

Niemand wird diese Aussagen wörtlich nehmen. Heißt das aber auch, dass wir all diese Aussagen nicht ernst zu nehmen brauchen?

Viel eher ist es doch so, dass gerade für die ernsten Erfahrungen und Einsichten die wörtlich zu nehmende Sprache nicht ausreicht. So nehmen wir die bildhafte oder gleichnishafte Sprache zu Hilfe oder verwenden Wörter und Sätze im übertragenen Sinn. Das hat es zu allen Zeiten und in allen Kulturen gegeben.

Das gilt auch für die Zeiten und Kulturen, in denen die Bibel geschrieben wurde. Die Bibel hat etwas Ernstes und Wichtiges zu sagen und sie möchte in diesem Sinne auch ernst genommen werden. Ja, fast könnte man sagen: Je bildhafter die Redeweise, desto dringlicher die Aufforderung an uns, sie ernst zu nehmen und diesen Ernst auch auf uns wirken zu lassen.

Nur ein kleines Beispiel. In Psalm 18 sagt der Beter:

> ... mit meinem Gott
> überspringe ich Mauern.
> Psalm 18,3

Klar, dass das nicht wörtlich zu nehmen ist! Was soll das für einen Sinn machen, mit Gott Mauern zu überspringen? Der Beter ist überzeugt, dass ihm im Vertrauen auf Gott – *mit Gott* – nichts unmöglich sein wird; er wird sich furchtlos für seine bedrängten Mitmenschen einsetzen, und er wird nie mehr sagen: Da kann man nichts machen. Mögen die Schwierigkeiten noch so groß sein, *mit seinem Gott* ist er zu Größerem fähig, als er meint.

So spricht sich der Beter selbst Mut zu und bietet Gott sich selbst als Hilfe an, damit es auf dieser Welt friedlicher und gerechter zugeht. Was der Beter hier zum Ausdruck bringt, ist nicht wörtlich zu nehmen. Viel wichtiger ist, dass wir ihn ernst nehmen und uns anstecken lassen von der Zuversicht, die frei macht und dem Leben Schwung gibt.

In diesem Sinn kann ich meinem Kollegen nur zustimmen, wenn er sagt: »Ich nehme die Bibel nicht wörtlich, dafür nehme ich sie ernst.«

Der Augenblick ist mein

Mein sind die Jahre nicht,
die mir die Zeit genommen;
mein sind die Jahre nicht,
die etwa möchten kommen.
Der Augenblick ist mein,
und nehm ich den in Acht,
so ist der mein,
der Jahr und Ewigkeit gemacht.

Andreas Gryphius (1616–1664)

In fortgeschrittenem Alter macht man sich Gedanken über die Zeit, die je länger, je schneller zerrinnt. Man blickt zurück und freut sich über manches, das man erlebt hat, und ist dankbar. Aber wir grämen uns auch über Dinge, die nicht so gut herausgekommen sind. Hätte ich doch ..., wäre ich doch ..., wenn ich doch ... Wir machen uns fest an der Vergangenheit, die unwiederbringlich ist. Gewiss sollen wir das, was wir als Schuld und Schulden hinterlassen haben, ins Reine bringen, so gut es geht. Aber oft lässt sich der Schaden mit dem besten Willen nicht mehr gutmachen. Wir können die Zeit, mit allem was geschehen ist, nicht zurückholen. Wir können sie nicht ändern. Sie gehört nicht mehr uns. Sie hat sich aber auch nicht in Luft oder gar in nichts aufgelöst. Sie ist in Gottes gütiger Hand. Dort ist sie auch gut aufgehoben. Das ist unsere dankbare Zuversicht.

Ähnliches ist zu sagen von den Jahren, die noch kommen mögen. Wir können sie planen, wir machen uns Sorgen um sie, wir fassen gute Vorsätze, aber über sie verfügen können wir nicht. Das heißt nicht, dass wir sie nicht ernst nehmen sollten. Aber wir sollen nicht so tun, als ob wir sie in der Hand hätten. Sie gehören nicht uns. Sie sind in der Hand dessen, der mit uns geht. Dort sind sie gut aufgehoben. Wir brauchen uns nicht zu ängstigen.

Das Einzige, was wir »haben«, ist der Augenblick, das Jetzt. Es ist unbeschreiblich flüchtig. Kaum meinen wir es zu erhaschen, ist es auch schon wieder entschwunden.

Warum nicht ab und zu versuchen, dieses unbeschreiblich flüchtige Jetzt etwas zurückzuhalten – so paradox das klingt? Nicht verkrampft, sondern dadurch, dass wir das Vergangene und das Kommende aus der Hand geben. Wir können bei dem Jetzt dadurch verweilen, dass wir einfach *da sind*. Und dass wir uns von Ihm beim Namen nennen lassen. Es ist der Name, der aus dem ewigen *Da-Sein* zu uns kommt. Das Jetzt ist die Nahtstelle von Zeit und Ewigkeit. Unser Sterben wird das letzte Jetzt in unserer Zeit und zugleich das erste und einzige Jetzt unserer Ewigkeit sein. Das Jetzt gibt uns eine Ahnung von Gott. Denn im Jetzt ist Gott da. Sein Name ist: *Ich-bin-da*.

Komm heute noch!

Im so genannten Brevier, dem Stundengebetbuch der Kirche, las ich nach dem Vaterunser folgenden Zwischenruf:

> Wie lange noch, Ewiger,
> bis der Tag deiner Herrschaft anbricht?
> Komm, unser Retter, komm heute noch!

Das Vaterunser darf durchaus etwas Dringliches an sich haben. Wir dürfen es auch stürmisch beten: *Komm jetzt!* Die Brotbitte enthält übrigens die Dringlichkeit des *Heute: Gib uns heute unser tägliches Brot.* Ich höre die hungernden Kinder wimmern und weinen. Und ich höre die Väter und Mütter, die nichts haben, um sie zu ernähren. Sie brauchen *heute noch* Hilfe.

Auch die Bitte um Vergebung hat etwas Dringliches an sich. Nicht damit die Dinge möglichst bald »erledigt« sind, sondern dass wir möglichst bald frei werden von unseren Lasten und unseren Besessenheiten.

Aber dann höre ich auch bei jeder Bitte jeweils das Echo von Gott her: »Wie soll mein Wille heute noch geschehen, wenn du ihn nicht erfüllst?« »Wie soll ich heute noch kommen, wenn du doch nicht da bist, um mir zur Hand zu gehen?« »Wie soll ich heute meinen Namen heiligen, wenn du nicht heute noch in diese Heiligung einstimmst?«

Wäre das nicht auch eine Art, das Vaterunser zu beten: dass wir bei jeder Bitte unsere Mithilfe anbieten? Zum Beispiel:

- *Geheiligt werde dein Name* – meiner Mithilfe darfst du gewiss sein.
- *Dein Reich komme* – ich möchte dir dabei zur Hand gehen.
- *Dein Wille geschehe* – auf mich darfst du zählen.
- *Unser tägliches Brot gib uns heute* – ich möchte es mit den Hungrigen teilen.

Mit verschränkten Armen oder mit den Händen in den Hosentaschen lässt sich nicht beten. Erst recht nicht das Vaterunser.

Ein Gebet zum Nachdenken

Nach der Überlieferung soll Niklaus von Flüe folgende Verse täglich gebetet haben:

Mein Herr und mein Gott,
nimm alles mir, was mich hindert zu dir.
Mein Herr und mein Gott,
gib alles mir, was mich führet zu dir.
Mein Herr und mein Gott,
nimm mich mir und gib mich ganz
zu eigen dir.

Viele Menschen haben bei diesem Gebet ein ungutes Gefühl. Gibt man denn Gott so nicht eine Art Blankovollmacht? *Nimm alles von mir ..., gib alles mir ...* Das könnte doch einmal ins Auge gehen.

Nun, ich meine, dass das zum Risiko des Glaubens und des Betens gehört. Die Frage ist die, ob wir Gott zutrauen, dass er wirklich nur das Beste von uns und für uns will.

Mein Problem liegt anderswo. Ich empfinde dieses Gebet zu aufwühlend – wenn es denn überhaupt ein Gebet ist.

Nimm alles mir, was mich hindert zu dir.

Bin ich so sicher, dass Gott mir nehmen will, was ich ihm nicht freiwillig gebe?

Und was ich ihm freiwillig gebe, bin ich denn so sicher, dass er das auch will?

> Gib alles mir, was mich führet zu dir.

Bin ich so sicher, dass Gott mir gibt oder gar aufdrängt, was ich vielleicht gar nicht möchte?

Und wenn ich das entgegennehme, was er mir geben möchte, soll es mich dann wirklich ganz zu ihm führen?

> Nimm mich mir und
> gib mich ganz zu eigen dir.

Bin ich so sicher, dass Gott mich mir nehmen und so gewissermaßen von mir Besitz ergreifen will?

Und wenn ich mich ihm gebe, sollte es dann nicht mein größter Wunsch sein, dass ich ich bleibe und Gott Gott bleibt?

Das Gebet von Bruder Klaus ist vielleicht weniger ein Gebet als eine Einladung zum andauernden vertieften Zwiegespräch.

Wenn du betest ...

Wenn du betest, bete im Verborgenen.
Geh in deine Kammer und
schließ die Tür;
dann bete zu deinem Gott.
Mach nicht viele Worte. Gott weiß,
was du brauchst.
Bete so:
Vater im Himmel.
Geheiligt sei dein Name.
Dein Reich komme.
Dein Wille geschehe.
Gib uns täglich, was wir nötig haben.
Vergib uns unsere Schuld,
wie auch wir denen verzeihen wollen,
die an uns schuldig geworden sind.
Gib uns Kraft in der Versuchung.
Befreie uns vom Bösen.
Denn dein ist das Reich und die Kraft
und die Herrlichkeit in Ewigkeit. Amen.

nach Matthäus 6,6–13

Die Kammer, in die sich der Beter zurückziehen soll, war damals die Vorratskammer. Sie hatte keine Fenster, war dunkel und man konnte sie abschließen. Kein besonders liturgischer Raum. Dafür roch es nach Öl und Wein, nach Arbeit und Leben, nach Freude und Dankbarkeit. Ganz zurückgezogen in diese Kammer kann ich zur himmlischen Mutter, zum himmlischen Vater beten. Das Gebet erträgt keine Zuschauer. In dieser Kammer habe ich Gott auch nichts vorzuweisen – außer dem, was er mir selber gibt. Mit leeren Händen stehe oder sitze ich da, ganz dem ausgeliefert, der ins Verborgene sieht. Wehrlos, machtlos und ganz unmittelbar.

Inhalt

Kirche unterwegs

Wenn du betest

In der gleichen Reihe bei rex/KBW erschienen

Hans Venetz/Hermann-Josef Venetz
Worte bewegen
Einfach beten mit der Bibel
ISBN 978-3-7252-0870-8

100 Sequenzen, geordnet nach dem Psalter, mit je einem Psalmvers, einem weiteren Text aus dem Alten oder Neuen Testament, einem exegetischen Impuls und Kurzgebeten.

Hans Venetz
Im Eichenfass gereift
Täglich eine gute Nachricht
ISBN 978-3-7252-0911-8

Das Büchlein umfasst für jeden Tag des Monats eine Stelle aus dem Neuen Testament, mit einem passenden Psalmvers gleichsam als Kurzgebet.